가
짜
감
정

'경험이 미래에게'

미류책방은 미미와 류의 2인 출판사입니다.

경험이 미래에게 들려주는 수북한 시간들을 담으려고 합니다.

책을 만들고, 책을 읽는 그 모든 시간들이 아름답게 흘렀으면 좋겠습니다.

그리하여 먼 훗날, 한 그루 미류나무처럼

우리 모두 우뚝 성장해 있기를 소망합니다.

가짜감정

김용태 지음

내 감정인데 왜 내 마음대로 안 될까?

대학 시절, 나는 2가지 상반된 환경에 놓여 있었다. 전공인 수학 교육은 어려웠고 재미가 없었다. 반면에 합창단 활동은 연습 시간이 기다려질 정도로 재미있었다. 서울대 사범대 합창단은 오랜 역사를 자랑하는 합창단으로, 전용 연습실도 있었다. 연습실에는 노트가 한 권 놓여 있었다. 누구든지 하고 싶은 이야기를 쓸 수 있는 노트였는데, 누군가 자신의 이야기를 쓰면 단원들이 댓글을 달곤 했다. 주로 연애 이야기였는데, 단원들끼리의 얘기도 있어 읽는 재미가 쏠쏠했다.

내 얘기도 있었다. 당시 좋아하던 여학생이 마음을 받아 주지 않아 나는 심하게 가슴앓이를 했고 이때 처음으로 사람의 마음에 눈뜨게 됐다. 사람의 마음이란 참 신기하고 이상했다. 내 마음인데도 내 마음대로 할 수가 없었다. 그때까지 한 번도 경험하지 못한 영역이었다.

'마음'이란 것에 눈을 뜬 나는 수학을 계속 공부하는 것이 버겁고 힘들었다. 수학은 내 가슴앓이를 해결해 주지 못했다. 강의 시간에 집중하지 못하고 멍하니 있는 시간이 많아졌다. 결국 많은 생각과 방황 후에 상담 대학원으로 진로를 바꿨다. 나는 새롭게 만난 마음이라는 영역을 알고 싶었다. 내 가슴앓이의 원인과 해결책을 알고 싶었고 나처럼 가슴앓이를 하는 사람들을 도와주고 싶었다. 이것이 내가 전공을 바꾸게 된 계기다.

우리는 살면서 많은 감정들을 경험한다. 유쾌한 감정도 있지만, 불쾌한 감정도 있다. 분노, 우울, 불안 같은 부정적 감정들을 느끼는 것은 힘들고 때론 고통스럽다. 그래서 회피나 무시, 억압 등의 방법으로 내 감정을 내가 모르는 체한다. 하지만 그런다고 그 감정이 사라지는 건 아니다. 왜냐하면 감정은 느끼고 표현되지 않으면 절대 사라지지 않기 때문이다. 해소되지 않은 감정은 우리의 무의식 속에 쌓여 호시탐탐 밖으로 나올 기회를 엿보거나, 제발 자기를 알아 달라고 떼를 쓴다.

감정을 꾹꾹 눌러 참다가 별것 아닌 일에 자극 받아 걷잡을 수 없이 분노를 쏟아 내고 후회한 적이 있는가? 혹은 때때로 올라오는 감정을 무시하고 일만 하다가 공허감을 느낀 적은? 만약 우리가 감정이 느껴질 때마다 알아주고 적절히 표현해 줬다면 어땠을까? 바로 이 때문에 감정 조절이 필요한 것이다.

감정 조절을 못하고 감정에 압도되면 많은 문제가 발생한다. 우선 쓸데없는 에너지가 많이 소모돼 항상 지친 느낌이다. 인식의 제한이 생겨 올바른 판단도 어렵다. 편협하고 당위적 사고를 하게 된다. 선택과 집중을 할 수 없다. 심지어 몸이 아프고 신체 일부가 마비되기도 한다. 삶이 고통스럽다. 그러나 감정이 풀리면 인생이 풀린다. 삶의 많은 문제가 해결된다.

다른 사람이 자주 거슬리는 사람은 자신의 감정을 들여다봐야 한다. 거슬리는 감정이 하찮은 것 같지만, 실제는 자신의 인생을 관통하는 문제와 관련이 있을 수 있다.

거슬린다는 것은 화의 약한 단계다. 감정은 참 오묘해서 때론 위장을 한다. 불안한데 화를 내고, 우울한데 즐거운 표정을 짓기도 한다. 진짜감정을 숨기고 가짜감정으로 위장한다. 어떤 사람이 거슬렸다면 마음속의 뭔가가 건드려진 것이다. 거슬리는 감정은 어쩌면 두려움, 외로움, 열등감의 다른 표현일 수 있다. 즉, 거슬림(화)은 표면감정이고, 두려움과 외로움은 이면감정이다. 그런데 거슬리는 감정의 근원을 따라가 보면 궁극적으로 내 안의 수치심에 이르게 된다. 이를 심층감정이라고 한다. 수치심이란 자신이 보잘것없고 형편없다고 생각해 자기 자신을 부끄러워하는 마음이다. 모든 인간이 필사적으로 피하고 싶은 감정이다. 작아진 자신, 초라한 자신을 직면하는 일은 몹시 괴롭기 때문이다.

사람들은 수치심을 느끼면 이를 만회하고 싶어 한다. '감히 나를 무시해?' 하며 화를 내서 자신을 회복시키고 싶어 한다. 화는 "너는 잘못했고 나는 옳다"는 메시지를 담고 있다. 약하게 화가 나면 상대방을 고치고 싶고, 더 심해지면 없애고 싶다. 나는 아무 문제가 없고 상대방이 문제라고 여긴다. 그래서 거슬리는 사람과 싸우려고 한다. 그런데 한 사람을 그렇게 처리했는데 만일 거슬리는 사람이 또 나타나면 어떻게 할 것인가? 그때는 다시 싸워야 한다. 거슬리는 사람이 나타날 때마다 이렇게 평생에 걸쳐서 싸울 것인가? 이런 소모적인 전쟁을 한 번에 끝낼 수 있는 방법이 있다. 거슬리는 감정의 근원을 알고 이를 조절하면 된다. 한 번의 싸움으로 행복한 삶을 살 수 있다.

우리는 어떤 사람이 못마땅할 때 그 사람에게서 이유를 찾고, 당연한 듯 비난한다. 과연 그럴까? 내가 느끼는 내 감정의 주인은 나일까, 상대방일까? 내 기분이 불편할 때 아이의 행동이 마음에 들지 않으면 불같이 화가 난다. 그런데 기분이 좋을 때는 같은 행동을 보고도 너그럽게 넘어간다. 또, 같은 행동을 봐도 나는 못마땅한데 다른 사람은 못마땅해 하지 않는다. 상대방이 원인 제공을 했을지라도 그에 반응해 어떤 감정을 느낄지는 오로지 나 자신에게 달려 있다. 내 감정은 내가 느끼는 것이다.

그러니 누군가 거슬린다면 이제부터는 내 마음을 들여다보

자. 미처 의식하지 못했던 내 마음의 소리가 들릴 수 있다. '내가 불안해하고 있구나', '내 못난 모습을 사람들이 알까 봐 두려워하는구나', '내가 부러워하는구나', '내가 저 사람보다 못하다고 생각하는구나' 등등.

다양한 목소리지만 메시지는 동일하다. 상대방으로 인해서 다른 사람들이 자신을 못난이라고 볼까 봐 염려하는 것이다. 그래서 일어나지도 않은 일을 미리 걱정하면서 상대방을 싫어하게 된다. 그렇다면 왜 이렇게 미리 불안해하고 두려워하는 걸까? 간단하다. 마음속 깊은 곳에 자신을 부끄러워하고 형편없다고 생각하는 마음(수치심)이 있는데, 남들이 이것을 알까 봐 두려워하기 때문이다.

이런 이야기를 처음 접하는 사람은 받아들이기 쉽지 않다. '누군가가 거슬리는 게 내 안에 수치심이 있어서라고? 말도 안 돼! 꼴사납게 행동하는 그 사람이 문제지, 무슨 얼토당토않은 소리를 하는 거야!'라고 생각할 수도 있다. 하지만 앞서 말한 대로 내 감정은 나의 것이다.

그러니 이유 없이 화가 나고 괜히 쓸쓸한 마음이 든다면 나의 마음을 깊이 들여다보자. 겉으로 드러난 화나 외로움, 쓸쓸함은 어쩌면 마음 깊이 감춰진 진짜감정의 위장된 모습일 수 있다. 작고 초라한 자신의 모습이 드러날까 봐 두려워서 불안해하고 우울해하고 화를 낼 수 있다는 말이다. 이를 전문 용어로는 표면 감정, 이면감정, 심층감정이라고 표현한다.

이 책의 1부는 감정이 낯선 우리들의 이야기를 소개한다. 기천과 진영 부부의 사례를 통해 우리가 흔히 경험하는 감정들을 보여 준다.

2부에서는 이들 부부의 상담 과정을 소상히 보여 준다. 이 부부의 사례는 일반적인 우리를 대변한 것이기 때문에 자신의 마음을 잘 살피며 읽는다면 상담의 효과를 볼 수도 있을 것이다.

3부에서는 우리가 흔히 느끼는 부정적 감정인 화, 불안, 두려움, 외로움, 열등감에 대해 보다 심층적으로 살펴본다. 왜 이런 감정이 생기는지, 이 감정들이 우리의 수치심과는 어떤 관계가 있는지 알아본다.

4부에서는 감정 조절의 7단계를 소개한다. 부정적인 감정을 잘 조절할 수 있다면 우리는 삶을 훨씬 가볍게 편안한 마음으로 살아갈 수 있을 것이다.

5부에서는 이 책에서 다룬 감정에 관한 주요 사항들을 실천하기 쉽게 정리했다. 감정에 휘둘릴 때나 낯선 감정 때문에 힘들 때마다 읽어 보면 도움이 될 것이라 생각한다.

이 책은 2014년 첫선을 보인 후 독자들에게 과분한 사랑을 받아 왔다. 이번에 내용을 조금 다듬고 부족한 부분을 보완하여 새롭게 세상에 내보낸다. 지난 10년간 그래왔듯이 독자들이 이 책을 통해 자신의 진짜감정을 만날 수 있기를, 그래서 더 성숙한 어른의 길로 들어서기를 진심으로 바란다.

이 책이 나오기까지 많은 사람의 도움이 있었다. 먼저 책을 통해서 감정으로 힘겨워하는 많은 사람들을 도울 수 있도록 지혜와 열정을 주신 하나님께 감사와 영광을 올린다. 이 책이 나올 수 있도록 기획하고 글을 다듬어 주신 출판 기획자 고준영 씨에게 감사드린다. 그동안 전공 서적만을 냈는데, 고준영 기획자를 통해 일반 독자들과도 소통할 수 있는 대중적인 책을 낼 수 있게 됐다. 마지막으로 상담실에서 아픈 이야기를 쏟아 내고 회복되고 치유받음으로써 마음의 경이로움을 느끼게 해 주었던 내담자들에게 감사드리며, 나로 하여금 인생의 다양한 감정을 매일같이 경험하게 해 준 사랑하는 아내와 두 자녀에게 이 책을 바친다.

2023년 3월
김용태

1부

우리는 왜 감정이 낯설까?

서로 이해할 수 없는 부부

"당신 대체 뭐 하는 사람이야?"

현관문을 막 들어서는 기천에게 날선 아내의 고함이 날아왔다. 그러나 기천은 아내가 눈에 보이지도 않는다는 듯, 곧장 방으로 들어가서 침대에 엎어졌다.

그날은 어린이날. 몇 주 전에 아이들과 놀이공원에 가기로 약속했던 터였다. 하지만 아침 일찍 상사에게 전화가 왔고, 기천은 급히 회사에 나가야 했다. 아이들은 실망감으로 금세 울 것 같은 표정이 됐다.

"누가 어린이날 출근을 하래요? 당신 상사는 애도 없어요?"

"오죽하면 그러겠어. 내가 얼른 마치고 점심 전에 돌아올게."

기천은 미안해하며 회사로 갔고, 오후 2시가 다 돼서야 집으로 전화를 했다.

"아무래도 오늘 놀이공원은 못 가겠어. 대신 저녁엔 패밀리 레스토랑에 가자."

매번 회사일 때문에 가족은 뒷전인 남편. 진영은 화가 났지만, 우선은 아이들을 달래야 했다.

"아빠가 바쁘신가 봐. 오늘은 우리가 아빠를 봐드리자. 대신 저녁엔 패밀리 레스토랑에 가서 피자랑 스테이크를 먹는 거야."

놀이공원 간 기분을 낸다고 모자까지 쓰고 거실에서 김밥을 먹고 있는 아이들을 보고 있자니, 진영은 한없이 처량한 기분이 들었다. 그런데 저녁 6시가 넘어가는데도 남편에게선 아무 연락이 없었다. 딸아이를 시켜 전화를 걸었더니 엄마를 바꾸란다. 진영은 불길한 느낌이 들었다.

"여보, 저녁도 같이 못하겠어. 애들한테 잘 말해 줘."

기천은 옆에 상사가 있는지 작은 소리로 조심조심 말했다.

"당신 정말 너무하는 거 아냐? 애들 하루 종일 기다리게 해 놓고 이제 와서 무슨 말이야?"

"미안한데 어쩔 수가 없어. 비상사태야."

진영은 속에서 분노가 치솟는 걸 겨우 참고 비아냥거렸다.

"당신이 하는 게 늘 이런 식이지, 뭘 기대하겠어. 놀이동산이며 패밀리 레스토랑은 무슨~".

미안한 마음에 어쩔 줄 모르던 기천은 아내의 말을 듣자 기분이 상했다. 차라리 화를 내는 게 낫지, 비아냥거리는 말은 듣기 힘들었다. 전화기를 들고 밖으로 나갔다.

"꼭 그렇게 말해야겠어? 당신이 이해 안 하면 누가 이해해?"

"그렇지, 또 내가 이해해야겠지. 어이가 없네. 뭐? 하루 종일 사람 목 빠지게 해 놓고 이해해 달라고?"

아내 말이 틀린 건 아니었다. 기천도 실망했을 아이들을 생각하니 속이 상했다. 하지만 지금은 그런 것이 문제가 아니었다. 본부장이 무척이나 날카로워져 있어 가시방석이었다. 자신이 회사에서 잘나가야 가정도 편안할 테니 어쩔 수 없다고 생각했다. 이런 마음을 아내는 알아줘야 된다고 생각했다. 그런데 이해는커녕 비아냥대니 정이 떨어졌다. 기천은 "어쨌든 당신이 애들한테 잘 얘기해" 하며 전화를 뚝 끊었다.

진영은 근래 들어 남편에게 몹시 화가 나 있는 상태였다. 남편은 집안일은 물론이고 아이들 교육까지 모두 진영에게만 맡겨 놓고 회사일만 챙겼다. 남편 도움 없이 아이들을 돌보고 집안일을 하려니 힘에 부쳤다. 모래사막에 발이 빠졌는데 남편은 보기만 하고 꺼내 주지 않는 기분이었다.

남편을 볼 때마다 자기의 힘겨움을 알아 달라고 화도 내고 잔소리도 했지만 남편은 진영을 피할 뿐이었다. 한집에 살지만 서로 관심도 없고 데면데면했다. 변화의 기대조차 없는 상황에 대한 무기력감. 그것이 요즘 진영을 지배하고 있는 정서였다. 그런데 어린이날 사건은 최악이었다. 해도 해도 너무한다는 생각이 들었다. 진이 빠져 소파에 누워 있던 진영이 혼잣말을 했다.

"들어오기만 해. 오늘은 그냥 넘어가지 않겠어!"

한편, 기천은 어린이날 불러내서 미안하다는 얘기를 할 줄 알았던 본부장으로부터 심한 질책을 받았다.

"이걸 기획안이라고 올린 거예요? 팀장씩이나 돼서 이렇게밖에 못합니까? 도대체 정신을 어디다 쓰고 있는 거예요? 이럴 거면 짐 싸서 집에 가든가!"

본부장의 분기탱천한 모습에 기천은 어린 시절이 생각났다. 어렸을 적 분노를 폭발시키던 아버지와 형의 모습이 본부장의 모습과 오버랩되면서 숨을 쉴 수가 없고 식은땀이 났다. 이 일이 앞으로 자신에게 미칠 영향에 대한 두려움 때문에 몹시 괴로웠다. 저녁 전까지 기획안을 고쳐 쓰느라 집에 전화하는 것도 잊었다. 그러던 차에 진영의 전화를 받았던 것. 아이들에게는 많이 미안했지만 회사일이 더 급했다.

자존심을 건드리는 싸움

그날 밤 귀가 후 곧장 안방으로 향하는 남편을 진영이 따라 들어갔다.

"당신 지금 몇 시야? 오늘이 어린이날인 거는 기억하고 있어?"

"피곤해."

"피곤하시겠지. 아주 술까지 드시고 오셨군."

"그만해. 오늘 아주 힘들었어."

"하! 그만하라고? 뭘 그만해? 시작도 안 했어."

"나더러 어쩌라는 거야? 내가 내 맘대로 할 수 없잖아!"

"휴일 하나 마음대로 쓰지도 못하는 회사는 뭐 하러 다녀?

애들하고 약속 하나 못 지키는 주제에 혼자 회사일 다 하는 것처럼 굴기는. 못나가지고."

"뭐야? 당신 지금 말 다 했어?"

기천의 언성이 높아졌다. 그러나 진영도 물러서지 않았다.

"당신 도대체 애들한테 해 주는 게 뭐가 있어? 아빠는 거저 되는 건 줄 알아?"

"돈 벌어다 주잖아."

"돈? 당신 월급으로 생활비하고 애들 학원 보내면 마이너스야. 이제 보니 당신, 돈을 잘 번다고 생각하나 보지?"

"뭐라고? 그럼 당신 마이너스 통장을 쓴다는 얘기야? 내가 얼마를 갖다 주는데! 당신 정신이 있어 없어?"

기천은 안 그래도 힘겨운 마음으로 집에 왔는데 아내가 잠시도 쉬게 해 주지 않고 비난을 퍼붓자 한계 상황에 달했다. 더 이상 참을 수가 없었다.

"아빠도 아니라고? 월급이 뭐 어쨌다고? 야! 너는 뭘 그렇게 잘했는데? 오냐오냐 해 주니까 남편 무서운 거 모르고. 입 못 다물어? 너 한마디만 더 하면 오늘 이 집 물건 다 부서질 줄 알아!"

진영은 너무 놀라 벌린 입을 다물지 못했다. 남편이 이렇게까지 화를 낸 적은 한 번도 없었다. "야, 너"라는 표현을 한 적도 없었다. 진영은 놀라기도 하고 분하기도 해서 잠시 정신을 못 차리다가 여기서 밀리면 안 되겠다는 생각이 들었다.

"너어? 야아? 입 다물라고? 물건 부수겠다고? 그래 어디 한 번 부숴 봐."

기천은 아내의 말에 주체할 수 없는 분노가 자신을 휘감는 것 같았다. 이 분노는 발 아래에서 시작돼 다리, 배, 가슴을 지나며 심장을 터지게 만드는 것 같았다. 어떻게 할 수가 없어 고함을 쳤다.

"뭐라고? 야, 내가 입 다물라고 했지? 저걸 그냥, 에이 XX."

기천은 쥐고 있던 휴대 전화를 거울을 향해 있는 힘껏 던졌다. 그러고도 분이 안 풀리는지 잔인한 표정을 지으며 진영을 위협했다.

"밥 먹여 주고 돈 벌어다 주고 너 하는 대로 받아 주니까 네가 잘난 줄 알지? 이렇게 말대답을 하는데 누가 너 같은 걸 좋아하겠어? 나나 되니까 받아 주는 거야. 알았어?"

와장창 거울 깨지는 소리와 고함 소리에 아이들이 울며 뛰어왔다.

"엄마 아빠 왜 그래. 무서워."

기천은 우는 아이들을 보자 정신이 번쩍 들었다. 진영은 아이들을 품에 안고 데리고 나갔다.

다음 날 진영은 너무 우울해 침대에서 일어날 기운도 없었다. 지난 결혼 생활이 허망하게 느껴지고 비참한 기분이 들었다. 그러다 문득, 언젠가 이런 기분을 느꼈던 것 같았다. 결혼해서 10여 년간 자식 낳고 살다 보니 잊고 있었지만 언젠가 익숙했던 감정이었던 것 같았다. 하지만 왠지 더 생각하다간 기억하고 싶지 않은 아픈 기억이 밀려올 것 같아 진영은 서둘러 침대에서 일어났다.

폭풍 같은 밤이 지나가고

그날 이후 기천과 진영은 서먹한 날들을 보냈다. 진영은 남편이 들어와도 본체만체했다. 밥을 차려 줄 생각도 안 하고 빨래를 개는 등 더 열심히 일하는 척했다. 하지만 속으론 남편에게 온 신경이 쓰였다.

진영은 아이들에게까지 무뚝뚝한 남편이 더 미웠다. 자신에게는 그렇다 쳐도 아이들한테 아빠 노릇은 제대로 해 줘야 하는 거 아닌가 싶었다. '내가 먼저 말을 거는 일은 없을 거야' 하는 마음이 들었다. 한편으로는 꼴도 보기 싫은 남편이지만 먼저 다가와서 이 상황을 풀어 줬으면 하는 마음도 컸다. 진영은 자신

안의 상반된 생각과 감정들에 혼란스러워하며 우울해졌다.

기천 역시 마음이 복잡했다. 자신이 왜 그런 행동을 했는지 이해가 되지 않았다. '이상하다. 여태껏 이렇게까지 화를 내 본 적이 없는데 뭔가에 씌었나?' 미안한 마음이 컸다. 하지만 선뜻 말을 걸 용기가 나지 않아 집에 늦게 들어갔고, 집에 가서도 말없이 잠만 자고 출근했다.

그렇게 한 달이 흘렀다. 기천은 집안일이 복잡할수록 더욱 일에 몰두했다. 잠깐 휴식을 취하려 자판기 앞에서 커피를 마시는데, 옆 부서 이유화 팀장이 말을 걸어왔다.

"팀장님, 요즘 많이 바쁘시죠? 피곤해 보이세요."

기천네 팀과 이유화네 팀은 업무적으로 협조할 일이 많은 편이었다. 상냥한 성격의 이유화가 걱정스러운 표정으로 덧붙였다.

"하긴 팀장님네 부서에 일이 제일 많이 몰리는 것 같아요."

"허허. 일이 많긴 하죠."

"팀장님이 거절을 안 하시니까 사람들이 자꾸 더 부탁을 하죠?"

"믿고 부탁하는 거라 거절하기가 어려워요."

"그래서 팀장님을 다 좋아하나 봐요."

"그런가요? 허허."

"네, 팀장님하고 일하면 편하다고 다들 그러던데요."

이유화의 말을 들으며 기천은 기분이 좋아졌다. 몸 안에 무언가가 차오르는 기분이었다. 그런 말을 전해 주는 이유화가 고맙고 예뻐 보였다.

밤늦게 집으로 돌아온 기천. 집에는 불이 다 꺼져 있고 아내도 자고 있었다. 지난번 사건 이후 기천은 집에서 밥도 못 얻어먹고 다니고 있었다. 기천은 비난에 잔소리, 몰아붙이는 진영이 싫었다. 게다가 이제는 자신을 무시하기까지 한다고 생각하니 남편고마운 줄 모르는 아내에게 정나미가 떨어졌다.

다음 날 아침, 일찍 눈이 떠졌다. 출근을 하는데 이유화가 생각나며 기분이 좋아졌다. 새로 시작하는 프로젝트도 그쪽 팀과했으면 좋겠다는 생각을 했다. 다행인지 불행인지 기천네 팀은 이유화네 부서와 다시 일을 진행했고 두 사람은 같이 있는 시간이 늘었다. 업무에 압박을 받을 때는 두 팀 간 언성이 높아지기도 했지만, 이유화는 늘 기천을 이해하려 애썼다.

"유화 씨, 우리 팀에서 자꾸 계획을 변경하니 일정 맞추기가 힘들죠?"

"네, 좀 힘드네요."

"미안합니다. 그런데 윗선에서 바꾸는 거라 저희도 어렵네요."

"네, 알고 있어요. 저도 저지만 팀장님도 많이 힘드시죠? 거절 안 한다고 사람들이 눈치 없이 자꾸 일을 맡기죠?"

기천은 이유화의 이 한마디에 피곤이 싹 사라지는 듯했다. 근래에 업무 때문에 많이 지쳐 있던 상황이라 위로의 말은 기대도 못하고 있었는데⋯⋯. 기천은 이유화를 와락 안아 주고 싶었다. 마음속에서 뜨거운 무언가가 그녀에게로 향했다.

한편 진영은 남편 앞에서 강한 척했지만 점점 우울한 마음을 감출 수 없었다. 남편이 좀 이상해졌다는 생각도 들었다. 매일 야근에 휴일 근무에 피곤할 만도 한데 출근하고 싶어 안달난 사람 같았다. 안 부리던 멋도 부렸다. 하루는 남편이 욕실에 있는데 핸드폰이 딩동 울렸다. 망설이다 확인을 했다.

"팀장님, 잘 들어가셨어요? 요새 많이 피곤하시죠. 좋은 꿈 꾸세요."

이유화라는 사람이 보낸 거였다.

'여자구나⋯⋯. 이 밤중에 문자를?'

문자 내용은 보기에 따라 별것 아닐 수도 있었다. 그런데 남편의 반응이 진영의 느낌을 확인해 주었다. 샤워를 하고 나온 남편은 문자를 보더니 얼굴이 환해지면서 행복한 표정을 지었다. 진영은 몸에서 피가 싹 빠지는 느낌이 들었다.

그날 이후 진영은 잠을 잘 이룰 수가 없었다. 한밤중에 잠이 깼고 깨고 나면 넋이 나간 사람처럼 거실을 돌아다녔다. 어떤 때는 밥을 전혀 못 먹다가 걸신들린 듯이 먹기도 했다. 아이들은 엄마가 걱정되면서도 무서워서 점점 조용해졌다. 기천은 처음엔 아내가 무슨 행동을 해도 자기에게 시위하는 것처럼 느껴져 꽤 씁쓸했다. 그런데 그렇게만 보기엔 상태가 지나친 것 같고 아내의 표정도 섬뜩하리만큼 멍했다.

"당신 괜찮아? 요즘 잠도 통 못 자고 이상한 것 같아."

기천은 오랜만에 남편으로서 따뜻하게 물어봤다.

"맞아. 자꾸 눈물이 나! 그리고 당신이 너무 미워! 미워서 어떻게 할 수가 없어! 아냐 아냐, 당신보다 내가 더 미워!"

진영도 평소의 따지는 듯한 말투가 아니었다. 아내가 기운이 하나도 없이 얘기하는 걸 보니 기천은 가슴이 아팠다.

"여보, 내가 잘못했어. 미안해."

이 말을 들은 진영은 눈물을 주르륵 흘렸다.

"아이들 숙제도 챙겨야 하고 밥도 해야 하는데 몸이 움직이질 않아. 나 큰 병에 걸렸나 봐. 죽으면 편할 거 같아. 그런데 아이들이 불쌍해!"

"여보, 내가 일찍 들어올게. 당신 원하는 대로 집안일도 도와주고 애들 숙제도 봐 줄게. 우리 옛날처럼 살자."

진영은 남편의 말에 위로를 받았지만 그 말이 생각만큼 기쁘지 않았다. 투명한 막이 자기와 세상을 갈라놓고 있는 것 같아서 세상에서 벌어지는 일들이 자기와는 아무 상관 없이 돌아가는 것 같았다.

그러던 어느 날 기천이 마침 집 방향으로 출장을 가던 중에 잠깐 집에 들렀다. 집안이 텅 빈 게 느낌이 이상해 안방 문을 열자 아내의 등이 보였다.

"당신 자는 거야?"

아내를 자기 쪽으로 돌아눕게 한 순간, 진영의 손이 툭 떨어졌다. 아내는 입에 거품을 물고 있었다. 옆에는 수면제 통이 있었다.

병원에서 응급조치를 한 뒤 부부는 집에 돌아왔다. 아내는 자살하려던 것이 아니라 오랫동안 편히 자고 싶어서 수면제를 좀 많이 먹은 것이라고 했다. 그러나 기천은 충격을 받았다.

'지금 우리 부부는 너무 심각한 상태다. 이렇게 가다간 아내가 죽을 수도 있겠다. 도움을 받지 않으면 가정이 무너지겠다.'

그렇게 해서 기천은 친구의 소개로 상담을 받기 위해 나를 찾아왔다.

벼랑 끝에서 시작한 부부 상담

본격적인 부부 상담에 들어가기 전 먼저 진영의 우울증부터 다뤄야 했다. 나는 진영에게 그동안 남편에게 쌓였던 마음을 마음껏 표현해 보라고 했고, 남편은 아무 말 없이 듣도록 했다.

"저는 그동안 최선을 다해서 살았어요. 애들을 둘이나 키우면서도 남편한테 집안일로 부담 주지 않으려고 애썼어요. 그런데 이이는 최소한의 성의도 보이지 않았어요. 어린이날에도 출근해서 술까지 마시고 늦게 들어오는데 정말 참을 수가 없었어요. 그런데 외려 자기가 거울을 깨고 욕을 하는 거예요. 이 사람을 이해할 수가 없고 이해하기도 싫어요."

진영은 말을 하면서 서럽게 울었다. 기천도 아내의 말을 들으며 눈물을 흘렸다. 나는 두 사람에게 서로 안고 실컷 울라고 했다. 두 사람은 부둥켜안고 오랫동안 울었다. 여러 차례의 상담을 통해 감정을 실컷 표출하고 나자 진영의 우울증은 어느 정도 해소되었다.

우울증에서 어느 정도 벗어나자 진영은 남편에 대한 억울한 마음과 화나는 마음을 터뜨리기 시작했다.

"이 사람이 집에 늦게 들어오는 것도 심각하지만 집에 와서도 쉬려고만 해요. 대화도 안 하고 아이들을 돌보지 않는 것도 정말 힘들어요. 가족을 짐처럼 여기고 피하려고만 해요. 더 이상은 못 참겠어요."

진영은 마음에 쌓아 뒀던 말을 쏟아 내기 시작했다. 그러자 남편 기천도 속마음을 토로하기 시작했다.

"이 사람은 나를 우습게 알아요. 내가 뭐라고 하면 자기주장만 하고 내 말을 듣지 않아요. 그리고 너무 많은 걸 해 주길 원해요. 나를 종 부리듯이 하면서 자기 말만 듣길 바라니 맞추기가 힘들어요."

상담실 분위기는 금방 험악해졌다.

두 사람은 10여 년의 결혼 생활 동안 각자 분노를 억압하고 표현하지 못한 상태로 살아온 것으로 보였다. 나는 두 사람의 분노가 어디에서 비롯됐는지 알기 위해 가계도를 그려보자고 했다.

가계도는 세대 간의 관계를 보여 주는 그림으로, 보통 3세대를 그리게 된다. 남자는 네모, 여자는 동그라미로 표시하면서 각각의 관계를 점선, 실선, 갈등선 등과 같은 선으로 표시를 한다. 3세대를 한꺼번에 그린 다음 이들의 관계가 어땠는지 표시하면, 내담자들은 자신이 어떤 입장에 있는지를 금방 알 수 있게 된다. 예를 들어 어떤 사람이 주변의 모든 사람들과 갈등 관계에 있다면 이 사람은 분노를 가진 사람이라고 할 수 있다. 어떤 사람이 주변 사람들과 모두 소원한 관계라면 이 사람은 마음속에 분노를 숨겨 두고 다른 사람에게 맞추고 있는 사람이라고 할 수 있다.

가계도를 그리라고 하자, 두 사람 모두 꺼리는 듯했다.

"두 분 가계도를 그리려고 하니 마음이 어떠세요?"

진영이 먼저 대답했다.

"지금 이런 가계도를 꼭 그려야 하나요?"

"왜 가계도를 꼭 그려야 하느냐고 의무 사항인 것처럼 묻지요?"

내가 진영에게 물었다.

"네? 그게 무슨 말씀이에요?"

"제가 마음이 어떠냐고 여쭤봤는데 가계도를 꼭 그려야 하느냐고 되물으셨잖아요?"

"아, 네. 저는 선생님이 하라고 하면 해야 된다고 생각하는데 가계도를 그리는 것은 부담스러워요. 그래서 꼭 해야 하는 건지 물어봤던 거 같네요."

진영은 당위적인 사람이었다. 당위적인 사람들은 '~~해야 한다' 같은 형태의 생각을 가진 사람이다. 이들은 누가 요청하거나 자신이 뭔가를 계획하면 '반드시 해야 한다'고 생각한다. 그래서 그 요청이나 계획을 성실히 이행하고 남들에게도 같은 것을 기대한다. 자기가 요청했는데 다른 사람이 이행하지 않으면 쉽게 화를 내고, 화를 통해서 자신의 생각을 관철하려고 한다. 이런 사람들은 삶에 있어서 부담감을 많이 느끼고 쉽게 우울해지는 경향이 있다.

한편 기천의 대답은 조금 달랐다.

"글쎄요. 가계도를 그리려고 하니 마음이 조금 그렇지만 선생님이 필요하다고 하면 하겠습니다."

"기천 씨는 하고 싶지 않지만 하라니까 하겠다는 거군요. 자신의 가족에 대해 더 이해할 필요가 있다고 생각하지는 않나 봐요?"

"글쎄요. 제 가족을 더 이해하는 것이 필요한지 아닌지 잘 모르겠습니다만 저는 우리 부부 문제만 해결된다면 선생님이 하라는 건 뭐든 하겠습니다."

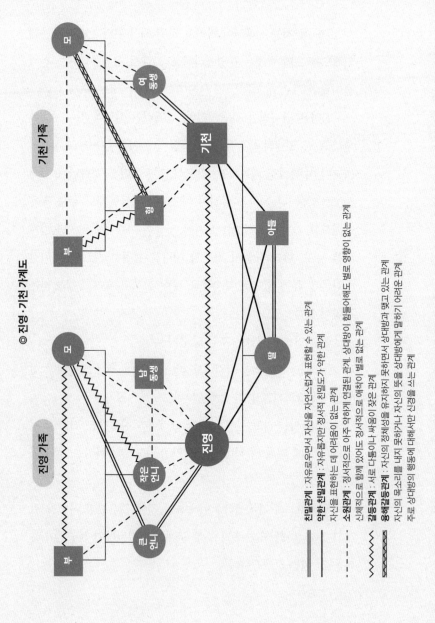

◎ 진영·기천 가계도

기천은 위로자형의 사람이었다. 위로자형의 사람들은 타인의 요구에 맞추려고 한다. 그래서 화가 나도 잘 표현하지 않는다. 흔히 평화주의자로 불리고 갈등이 생기면 조정자 역할을 한다. 이들은 자신의 감정보다는 타인의 감정을 우선시하고, 갈등 상황을 두려워한다.

나는 "가계도를 그리면 왜 그렇게 분노 조절이 안 됐는지 금방 알 수 있을 겁니다. 그리고 혹시 가계도를 그리면서 공개하고 싶지 않은 내용이 있다면 공개하지 않아도 됩니다"라고 했다. 두 사람은 안심하면서 가계도를 그리기 시작했다.

어린 시절에 만들어진 주요 감정

가계도를 그리고 상담이 진행되면서 진영은 어렸을 때부터 뭐든 열심히 해서 인정을 받으려는 마음이 있었다는 걸 알게 됐다. 이 사실을 깨달으면서 진영은 낯선 느낌이 들었다.

'나는 내가 일을 잘하고 의견을 분명히 말하는 사람이라고 생각했는데 그게 아니었네. 그렇게 해서 인정을 받고 싶었던 거였네.'

그러면서 두 장면이 떠올랐다.

두 사람이 연애할 때였다. 데이트 중 서로에게 바라는 바에 대해 얘기하게 됐다. 진영은 "기천 씨는 말을 모호하게 하는 경향이 있어서 이러자는 건지 저러자는 건지 모를 때가 있어. 맞으면 맞다, 아니면 아니다라고 분명히 말해 줘"라고 얘기했다.

기천은 "나는 진영 씨가 분명해서 좋긴 하지만 한편으론 약간 무섭기도 해. 때로는 조금 부드럽게 말을 하면 좋을 것 같아"라고 했다.

이 말을 들은 진영은 마음이 상했다.

'나는 합리적으로 말하는 것뿐인데 이 사람은 왜 이런 말을 하는 거지? 나를 사나운 사람으로 만드네.'

하지만 자신이 가감 없이 말해 달라고 해서 나온 얘기라 "알았어. 앞으로는 조심할게" 하며 넘어갔다.

다른 장면은 결혼 후의 일이다. 아이들이 어릴 때였다. 집안일을 하던 진영이 "나는 할 일이 많으니 애들하고 좀 놀아 줘" 하자 기천은 "당신이 그렇게 명령하듯 말하면 기분이 좋지 않아. 당신에게서 멀어지는 느낌이 들어……"라고 말을 흐렸다. 진영은 못마땅했다. '남자가 분명하게 말해야지, 남자답지 못하게 왜 말끝을 흐리는 거야?' 그러면서 남편 말을 무시했지만 실은 그 말이 오랫동안 마음 한편에 남아 있었다.

이제야 진영은 그때 왜 기분이 나빴고 그 일이 왜 오랫동안 마음에 남았었는지를 이해할 것 같았다. 의견을 분명하게 말하는 자신에 대해 기천이 합리적인 사람이라고 인정해 주고 좋아해 주기를 바랐는데, 사나운 사람으로 보고 멀리하려는 것 같아 마음 한편이 서늘해지면서 서운했던 것이다.

또 한 사건도 생각났다. 학부모들끼리 학예회 진행을 놓고 토론을 벌인 적이 있었는데, 자신의 의견이 받아들여지지 않자 굉장히 화가 나고 불쾌했다. 다른 학부모들이 자기를 무시한다고 생각해서였다.

'아하! 나는 내 의견이 받아들여지지 않으면 나를 무시하는 것으로 생각하는구나.'

진영이 무시당한다고 생각할 때 그 밑에는 외로움의 이슈가 있다. 남편(타인)에게 원하는 것을 얘기하고 이것이 받아들여지면 인정받는다고 생각해 진영의 외로움은 해소됐다. 외롭다고 직접 말하는 대신 남편이 자신의 말을 받아들이는지 아닌지 지켜보면서 거부감 없이 받아들이면 남편이 자기를 사랑한다고 생각하고, 반대 의견을 얘기하면 사랑하지 않는다고 생각했다.

상담을 통해 진영은 일 잘하고, 똑똑하고, 분명한 사람으로 인정받음으로써 자신의 외로움을 해결하고 있었다는 사실을 조금씩 깨달았다.

'어린이날도 남편이 이유를 설명했지만 설명을 들을 생각도 하지 않고 나를 무시한다고만 생각했구나. 그래서 그렇게 화가 났었구나.'

진영은 부모의 돌봄을 제대로 받지 못하는 가정에서 자랐다. 자기 일을 알아서 잘하는 것이 부모에게 인정받는 유일한 길이었다. 결혼해서도 남편의 인정을 받지 못하면 '나는 쓸모없는 사람'이라는 생각이 들었다. 진영이 미처 알지 못한 무의식의 외로움이 진영에게 속삭이는 말이었다. 이걸 깨닫게 되자 남편에게 화를 낸 것이 미안해졌다. 진영 편에서 보면 두 사람의 부부 관계는 이제 한 고비를 넘겼다.

갈등을 무조건 피하고 싶었던 이유

기천도 자신이 왜 그렇게 화가 날 수밖에 없었는지를 가계도 작업과 상담을 통해서 알게 됐다. 기천에게 가계도를 그리면서 어떤 마음이 들었는지 물어봤다.

"글쎄요. 창피하단 생각만 드네요. 우리 가족이 이렇게 갈등이 많았는지 새삼 알게 됐어요. 아버지는 엄마한테 소리 지르고 엄마는 울고. 그러면 형은 아버지에게 대들면서 분위기가 험악해지고……."

"그래요. 그렇게 갈등이 많았는데 혹시 뭐가 창피한지 말할 수 있나요?"

"저는 멀쩡한 가족을 꿈꿔 왔거든요. 진영 씨하고 그런 가족을 만들 수 있을 줄 알았어요."

"그렇군요. 그렇다면 지금 현재 가족과 자신의 원래 가족을 비교하면 어떤 생각이 드나요?"

"생각해 보니 지금 나는 부모님과 살던 때처럼 살고 있는 것 같아요. 저는 여전히 불안해서 계속 누군가를 달래 줘야 할 것 같은데, 그게 제 아내인 것 같아요."

"불안해하는 마음이 지난번 몹시 화냈던 일과 관련이 있나요?"

"관련이 있는 것 같아요. 본가에서 살던 것처럼 살지 않으려고 했는데 같은 방식으로 살면서 너무나 화가 나고, 때로는 그렇게 만드는 아내가 미웠어요. 저는 어렸을 때 아버지와 형이 싸우는 걸 많이 봐서 갈등이 싫어요. 갈등 상황만 생기면 무마하려고 노력했어요. 그래서 아내하고도 갈등이 생길까 봐 조심스러웠고, 회사에서도 상사하고 갈등이 생길까 봐 불안하고 두려웠던 것 같아요."

기천은 진영이 뭐든 잘 알아서 하는 사람이라 좋아했다는 사실도 알게 됐다. 아버지나 형처럼 문제가 생길까 봐 조마조마해 하며 신경을 쓸 필요가 없는 것이 아주 좋았던 것이다. 집안일은 진영에게 맡기고 자신은 회사일만 신경 쓰면 될 것 같았다.

그래서 쉬는 날임에도 상사가 부르자 즉각 나갔던 것이다. 그런데 어린이날 아내가 마구 몰아붙이며 화를 내자 자신도 모르게 그동안 눌러 왔던 모든 화가 한꺼번에 폭발했음을 알게 됐다.

나는 기천의 말에 진영이 어떤 반응을 보일지 궁금했다.

"남편의 말이 어떻게 들리세요?"

"남편이 이렇게 갈등을 두려워하고 나를 힘들어할 거라고는 생각 못했어요. 정말 놀랐어요. 이런 생각을 하고 있는 줄도 모르고 내 말대로 안 해 준다고 아이를 몰아붙였어요."

진영은 남편을 바라보며 눈물을 글썽였다.

"여보, 미안해. 당신이 그런 생각을 하고 있는 줄 정말 몰랐어."

"아니야, 내가 가슴에 있는 이야기를 해 본 적이 없잖아. 나도 내가 왜 그런지 잘 알지 못했어. 내 속에 이런 두려움이 있었는지 이제야 알게 됐어."

상담을 거치며 두 사람은 변해 갔다. 배운 것들을 열심히 적용하기 시작했다. 기천은 진영이 표현하는 외로운 감정을 받아주기 시작했고, 진영은 기천을 몰아붙이는 행동을 덜 하게 됐다. 중간에 위기도 있었지만 두 사람은 꾸준히 감정을 표현하면서 관계를 개선해 나갔다. 감정을 자연스럽게 표현하고 때로 조절도 하면서 가족 관계는 확연히 달라졌다.

휴일에 다시 기천이 회사에 나가야 하는 상황이 발생했지만 대화는 전과 달라졌다. 기천은 "여보, 미안해. 당신이 휴일에 나와 같이 있는 걸 얼마나 좋아하는지 아는데, 오늘은 회사에 나가 봐야 할 것 같아. 오늘 남편, 아빠 역할 못한 건 이따 저녁에 일찍 들어와서 만회할게"라고 말하면서 진영을 꼭 안아 주었다.

"당신이 우리를 위해서 이렇게 열심히 일하는데 고마워. 맛있는 저녁 준비해 놓을게. 저녁 먹고 근처 공원에 다 같이 산책 가자."

진영도 남편을 편안하게 해 주었다.

두 사람은 자기들이 왜 그렇게 싸웠는지 이해 못할 정도로 서로에 대해 만족했다. 특히 기천은 이유화를 좋아할 뻔했던 것을 후회하면서 지금은 전혀 마음이 가지 않는 것에 놀라고 있었다. 진영 역시 우울해서 죽고 싶었던 얼마 전 일이 마치 까마득한 옛날처럼 느껴져 놀라워했다.

내가 왜 내 감정을 모를까?

우리는 우리의 감정을 잘 안다고 생각한다. 내 감정인데 내가 모르겠느냐고 생각한다. 그러나 기천·진영 부부의 사례에서 보듯 자기감정을 제대로 알지 못하는 사람이 많다. 불편한 감정이 느껴지면 표현하기보다 억압하기 때문이다. 사실 인간이 감정을 느끼는 것은 자연스러운 일이다. 인간에게 희로애락이 없다면 삶의 의미도, 재미도 없을 것이다. 그런데 감정은 느끼고 표현하면 저절로 사라진다. 하지만 표현되지 못한 감정은 우리 몸 어딘가에 남아 끊임없이 표현되기를 요구한다.

정신분석학자 프로이트는 정신 분석 과정에서 무의식과 억압이라는 중요한 개념을 찾아냈다. 사람은 어렸을 때부터 불안이나 두려움으로부터 자신을 지키기 위해 감정을 억압한다는 것이다. 화, 슬픔, 외로움, 수치심 같은 부정적 감정을 표현하면 위험하다고 느끼기 때문에 무의식 속에 꾹꾹 눌러놓는다는 것이다.

그러나 의식에서 사라졌다고 해서 그 감정이 사라지는 것은 아니다. 예를 들어, 무의식 속에 쌓인 화는 시간이 지날수록 점차 압력이 세지고 밖으로 나오려는 힘이 강해진다. 충동성이 강해진 화가 분노이며, 이것이 더 이상 제어되지 않을 땐 밖으로 폭발하는데 이를 분노 폭발이라고 한다. 평소에 얌전하거나 다른 사람에게 잘 맞추던 사람이 어느 날 갑자기 분노를 폭발시키는 것은 이 때문이다. 기천이 이런 사례였다. 반면, 분노의 에너지가 밖으로 표출되지 못하면 자신을 공격하는데, 그게 바로 우울증이다.

무의식 속에 분노가 많으면 세세한 감정을 느끼기 힘들다. 공격성 강한 분노 에너지는 계속해서 나오려고 하고, 이를 막으려면 또 다른 에너지가 필요하다. 전쟁이 따로 없다. 전쟁터에서 살아남기 위해 사람들은 자신을 마비시킨다. 그래서 분노가 많은 사람들은 분노 이외의 다른 감정들을 잘 느끼지 못한다. 인간관계의 중요한 요소인 세심함이 약화되고, 세심함을 바탕으로 한 친밀한 교제나 대화의 즐거움을 잃어버리게 된다.

내가 만난 분 중에 공무원 J가 있다. J는 맨땅에 헤딩하기 정신으로 살아온 사람이다. 지독하게 가난한 집에서 태어나 어렸을 때부터 가난에서 벗어나고 싶은 소망을 갖고 있었다.

J는 가난에서 벗어나기 위해선 출세밖에 없다고 생각했다. 하급 공무원으로 시작한 그는 누구보다 부지런하게 살았다. 가장 먼저 출근하고 가장 늦게 퇴근했다. 퇴근해서도 다음 날 할 일을 생각했다. 이렇게 해서 높은 자리에 오르게 됐다.

그런데 뜻밖의 암초를 만났다. 가족들과의 관계가 좋지 않게 됐다. 아내는 더 이상 J와 살 수 없다고 선언했다. 아이들은 아버지와의 갈등을 견디다 못해 가출했다. J는 이해할 수 없었다. 자신은 가족을 위해 최선을 다한다고 믿었다. 술도 마시지 않았고 바람을 피우지도 않았다. 버는 돈은 다 집에 갖다 줬다. 그런 자신을 싫어하고 잘못했다고 하니 기가 막혔다. 끝내 J는 아내와 이혼을 하게 됐고 혼자가 되었다. J는 나에게 찾아왔다.

J는 권위적인 가장이었다. 아내와 거의 대화를 하지 않았고 어쩌다 대화하게 돼도 주로 화를 내는 사람이었다. 아이들이 잘못하면 상황 설명을 듣기도 전에 혼부터 냈다.

J는 상담을 받으면서 자신이 몰라도 너무 몰랐다는 말을 자주 했다. 아내나 아이들과의 관계가 일처럼 되지 않는다는 사실을 깨달으면서 너무도 비통해 했다. J는 도대체 이런 것은 왜 아무

도 가르쳐 주지 않는지 나에게 항의하다시피 했다. J는 자신을 면밀히 탐색하기 시작했다. 그리고 철저하게 감정을 무시하면서 철인이 되려는 마음이 있었음을 알게 됐다.

J는 감정이 느껴질 때마다 이를 부정했다. 감정을 느끼면 약한 사람이라고 생각했기 때문이다. 상담 과정에서 그는 너무도 가난했던 어린 시절, 사람들의 무시하는 시선을 견뎌 내며 이런 신념이 만들어졌음을 알게 됐다. 그는 어린 시절에 겪었던 수치심을 보게 됐다.

이런 과정들을 거치면서 J는 자신이 마치 거듭난 느낌이 든다고 했다. 지금이라면 아내와 아이들과 좋은 관계를 맺을 수 있을 것 같다고도 했다. 그는 나중에 재혼했고 부인과의 관계를 중심으로 살게 됐다. 그리고 이전보다 더 높은 직책에서 일하는 사람이 됐다. J는 위기 속에서 처절하게 배웠다.

많은 사람들이 J처럼 억압된 감정을 일을 통해서 해결하려고 한다(회피). 불쾌한 감정을 직면하는 것은 고통스러운데, 일로 도피하면 그 고통을 피할 수 있기 때문이다.

사회도 이를 권장하는 분위기다. 효율성을 중시하는 현대 사회에서 감정은 거추장스러운 방해물이고, 통제해야 할 대상이다. '중요하지 않은 감정'에 휩싸여서 '중요한 일'을 망치면 안 되기 때문이다. 업무 관계에서 "그 사람은 감정적이야"라는 평판은 대체로 불리하게 작용한다. 대신 감정을 내색하지 않고 목석같이 일만 하면 능력 있는 사람으로 인정받는다.

불편한 감정을 일로 도피하는 사람들의 유형은 억압된 감정의 종류에 따라 다양하다.

분노가 많으면 일할 때도 전투적으로 한다. 전투적으로 일하며 상대방을 쓰러뜨리는 재미를 느끼고 싶어 한다. 죽기 살기로 일하지 않으면 살아남을 수 없다고 생각한다.

외로움이 많은 사람들은 어떻게 해서든 인정받으려고 한다. 열심히 일해서 인정받아 단체나 사람에게 소속되려고 한다. 자신이 뭘 원하는지는 관심 없고 오로지 상대방이 원하는 것에 맞춘다. 이 때문에 자칫 이용당하기 쉽다.

두려움이 많은 사람들은 최대한 갈등을 피하는 방향으로 일한다. 자신이 일을 도맡아서라도(희생) 갈등을 해결하길 원한다. 사람들과의 관계에서는 이 사람도 저 사람도 실망시키기 싫고 갈등을 만들고 싶지 않아 자주 삼각관계에 빠진다.

하지만 일로 자신의 감정을 해소하는 것은 결국엔 실패하게 돼 있다. 왜냐하면 감정은 억압하거나 회피하는 것으로는 결코 사라지지 않기 때문이다.

우리가 인간인 까닭

감정을 미성숙하고 거추장스러운 존재로 생각하는가? 그렇지 않다. 감정은 우리의 삶을 더욱 풍요롭게 해 주는 고마운 존재다.

감정이 없다면 어떻게 사랑할 수 있을까? 사랑 없는 인생은 상상하기 어렵다. 사랑뿐 아니다. 음악, 미술, 문학 등 모든 예술 활동은 인간의 감정을 통해서 전달된다. 집을 사고 행복해 하고, 회사에 입사해서 기뻐하고, 아이를 출산하고 기뻐하는 것, 상대방에게 실수해서 미안해 하고, 처음 보는 사람 앞에서 수줍어하고, 원하는 것을 이루지 못해 괴로워하는 것. 인간에게 감정이 없다면 얼마나 세상살이가 재미없을까? 우리가 인간인 까닭은 감정이 있기 때문이다.

감정은 생존에 필수적인 존재이기도 하다. 먼 옛날 인류가 맹수와 자연재해의 위험에서 살아남을 수 있었던 것은 생리적으로 느꼈던 감정(불안, 공포)에 충실했기 때문이다. 감정은 우리의 선택을 도와주기도 한다. '뭔가를 하고 싶어 하는 마음'은 감정에 의해서 만들어지기 때문이다.

이와 관련한 재미있는 연구가 있다. 뇌 과학자 디마지오는 사고 등으로 전두엽 손상을 입은 12명의 환자를 비교 연구했다. 환자들은 인지적인 면에서는 문제가 없었으나, 감정을 느끼지 못했다. 이들은 사실을 기억하고 계산을 하는 데는 어려움이 없었지만, 우선순위를 정하고 선택을 하는 데는 곤란을 겪었다. 예를 들어, 검은 양말과 흰 양말을 주고 무엇이 있느냐고 물어보면 두 종류를 정확히 말했지만, 무엇을 신고 싶으냐고 물어보면 선택하지 못했다. 오늘 할 일을 적어보라고 하면 줄줄이 썼지만, 무엇부터 하고 싶으냐고 물어보면 답을 못했다. 감정이 있기 때문에 우리는 가슴이 시키는 대로 선택을 하고 살 수 있는 것이다.

감정은 외부의 사건 또는 다른 사람 때문에 생기는 것이라고 생각하지만, 사실은 내 안의 욕구와 관련이 있다. 예를 들어, 같은 사무실의 김 대리가 옆 사무실 여사원과 데이트한다는 소리를 들었을 때, 김 대리에게 평소 관심이 없었으면 아무런 느낌이 없을 것이다. 하지만 내심 김 대리하고 잘 해 보고 싶은 마음이 있었다면(욕구), 낙담하고 처량한 기분(감정)이 들 것이다.

인간의 욕구는 다양하다. 배고픔에서 벗어나고 싶은 것은 인간의 기본적 욕구 중 하나다. 배고플 때 맛있는 밥을 먹고 나면 기분이 좋고 활력을 느낀다. 반면에 그러지 못하면 비참함, 우울함을 느낀다.

안전에 대한 욕구도 있다. 보호를 받으면 안전한 느낌이 들고 보호 받지 못하면 무섭다. 안전에 대한 욕구가 충족되면 편안함을 느끼지만 그러지 않으면 불안함, 두려움을 느낀다. 다른 사람과 연결되고자 하는 욕구도 있다. 사랑받고 인정받으면 기분 좋지만 그러지 못하면 두렵고 처참한 감정이 생긴다. 또 원하는 것을 이루고자 하는 성취 욕구가 달성되면 뿌듯한 감정이 생기고 그러지 못하면 좌절감을 느낀다.

인간에게는 특별히 자신을 초월하고자 하는 욕구가 있다. 자신보다 더 큰 존재를 갈망해서 종교적인 행동도 하고 사회적인 노력도 한다. 조직의 장이 되고 싶은 마음은 이런 초월적 욕구의 사회적 표현이다. 초월의 욕구는 인간에게 완전해지고 싶은 감정을 만들어 낸다. 최근 초인 심리학(transpersonal psychology)에서는 인간이 우주와 하나 되는 느낌을 말하고 있다. 이런 느낌은 곧 초월의 욕구에 의해서 만들어지는 감정이다. 초월하지 못하는 인간은 자신을 초라하게 여긴다. 수치심은 곧 이런 초월적 욕구로 인해서 만들어지는 감정이다.

　이처럼 인간에게는 욕구가 있고, 생명이 유지되는 한 사라지지 않는다. 인간의 여러 감정들은 이런 욕구들이 충족되거나(긍정적 감정), 혹은 되지 못해서(부정적 감정) 발생한다.

최초의 감정, 불안

모든 인간에게는 불안감이 있다. 원하는 것이 이뤄지지 않을까 봐, 사람들이 싫어할까 봐, 인정받지 못할까 봐, 먹고살지 못할까 봐 불안하다. 불안감의 근원에 대해 프로이트는 누구나 태어나면서 엄마로부터 분리될 때 '불안'을 경험하며, 이 때문에 생기는 것이라고 했다.

열 달 동안 엄마 배 속에 있던 태아는 엄마와 떨어지면서 불안하기 때문에 엄마와 다시 일체감을 갖기를 원한다. 그래서 자신의 몸과 엄마의 몸은 떨어졌지만 자신과 엄마는 하나라는 착각, 즉 환상(fantasy)을 갖는다. 그런데 배고프면 엄마가 알아서 먹여 주고 똥을 싸면 치워 주고 졸리면 재워 주고 울기만 하면 안아 준다. 아기는 엄마와의 경계선이 느껴지지 않는다. 엄마의 이런 보살핌은 아이에게 안정감을 주고 자신은 특별한 사람, 무엇이든 할 수 있다는 전능의 환상을 갖게 한다. 이것이 자기애의 느낌이다.

건강한 자기애의 형성은 건강한 성격의 기초가 된다. 부모가 자녀에게 지속적인 돌봄을 제공하면 아이들은 부모에 대해 기본적 신뢰를 갖는다. 안정적 애착이 잘 형성되는 것이다. 부모와 아이 사이에 이렇게 감정적 유대가 형성되면 아이는 혼자 있어도 더 이상 혼자라고 느끼지 않는다. 정서적 안정감을 느낀다. 그리고 세상에 대해 '살 만하구나, 사람들이 나를 좋아하고 사랑하는구나' 등의 느낌을 갖는다. 이것이 건강한 자기애를 형성하게 해 준다. 자기애란 자신이 특별하고 중요한 사람이라고 느끼는 자기 사랑의 감정이다.

그러나 아이가 엄마와 안정된 유대(애착) 관계를 형성하지 못하면 건강한 자기애를 형성할 수 없다. 이를 '불안정 애착'이라 한다. 기천과 진영은 부모와의 관계에서 건강한 자기애를 형성할 수 없는 환경에서 자랐다. 채워지지 않는 자기애의 느낌은 평생을 따라다니며 사람들을 힘들게 한다. 어디서든 누구에게든 사랑받으려 하고 소속되려고 애쓰게 된다. 이를 anxiety-driven life라고 한다. 불안이 삶을 지배하고 불안을 떨쳐내기 위해서 안정된 대상을 찾아 헤매는 삶을 살게 된다.

부모와 안정된 애착을 갖지 못한 아이는 마음속 깊이 자기 애적 상처가 생긴다. 엄마와 분리돼 불안한 아이는 다시 엄마와 하나 돼 불안을 해소하고 싶어 한다. 하지만 엄마는 완벽하지 않기 때문에 아이의 환상적 욕구를 다 충족시킬 수 없다. 따라서 아이는 엄마로부터 거부당하기도 하고 지배당하기도 한다.

배가 고파 계속 우는데도 엄마가 거들떠도 안 보고, 안아 달라고 보채는데도 무시한다면, 아이는 자신의 존재 자체에 문제가 있다고 생각한다. 그러면서 자신을 부끄러워하는 수치심이 생긴다.

이렇게 인생의 초기에 발생한 수치심은 마음 깊은 곳에 자리를 잡고 아이의 생각과 행동을 지배한다. 수치심은 아이로 하여금 엄마가 자신에게 무엇을 원하는지에 민감해지도록 만든다. 엄마로부터 거부당하거나 지배당하는 상황을 피하고 싶은 것이다. 그래서 자신이 무엇을 원하는지보다 엄마가 자신에게 무엇을 원하는지가 더 중요해진다. 이렇게 수치심은 아이들로 하여금 타인 지향성이 생기게 한다.

타인 지향성을 가진 아이는 성장하면서 다른 사람의 요구에 민감하게 반응한다. 다른 사람에게 비난받지 않기 위해 노력한다. 아울러 다른 사람의 지지와 인정을 얻을 수 있는 성공을 위해서 모든 노력을 경주한다. 이런 삶은 생산성과 효율성을 강조하는 현대 사회에 잘 맞을 수도 있다. 그런데 타인 지향성을 갖고 살다 보면 자신을 잃어버리게 된다. 자신이 뭘 원하는지, 무엇을 하고 싶은지 모르고 살게 된다. 타인 지향성의 사람들은 타인의 성공에 예민하다. 다른 사람이 성공하면 자신이 못난 것 같고, 실패하면 자신이 괜찮은 것 같다. 즉 비교에 의한 열등감과 우월감이 생긴다. 수치심이 있는 사람들은 자신을 부끄러워한다. 그래서 다른 사람들과의 경쟁을 통해서 우위를 점하려 한다. 그러면 상대적으로 자신이 괜찮은 사람으로 보이기 때문이다.

경쟁을 하면 사람들 간의 정서적 만남이 어려워진다. 정서적 안정은 다른 사람들이 자신을 좋아해 주고 받아들여 줄 때 경험된다. 경쟁은 상대방을 누르고 이겨야 하는 관계이기 때문에 관계가 피상적이 된다. 피상적 관계는 공허함, 즉 외로움을 낳을 수밖에 없다. 그래서 경쟁적 삶을 사는 사람들은 이겨도 허전하고, 져도 허전하다.

이렇게 자신을 잃고 타인 지향적인 삶을 사는 것은 모두 마음 깊은 곳에 들어 있는 수치심 때문이다. 수치심으로 인해 사람들은 기형적 삶을 살고 있다.

감정이 없는 사람, 감정만 있는 사람

감정을 억압하고 일로 도망가도 감정은 사라지지 않는다. 적절하게 표현되지 못한 감정은 없어지지 않고 남아 왜곡된 형태로 나타난다. 즉 아예 감정이 없는 것처럼 살거나, 감정만 있는 것처럼 살게 된다. 아니면 감정을 꾹꾹 눌러 참다가 신체화 증상으로 나타나는 사람들도 있다.

사람들과의 관계에서 감정을 배제하고 이성으로만 만나려는 사람들이 있다. 감정을 느끼면 약하다고 생각하는 사람들이 발달시키는 방식이다. J가 그랬다.

이런 사람들을 '주지화(intellectualization) 경향이 있다'고 한다. 개념적이고 추상적이며 타인을 이해하기 위해 노력하지만 정서적으로는 매이지 않으려는 사람들이다. 합리적으로 보이지만 감각적으로 무디고 감정 없이 말하기 때문에 단조로운 느낌을 준다. 사람 관계에서 쉽게 상처 받기 때문에 자신의 감정을 드러내는 일이 아닌 공식적인 일이나 혼자서 할 수 있는 일을 선호하고 일중독의 경향을 갖는다.

영화 「터미네이터」에 나오는 사이보그(기계 인간)들은 어떤 어려움이 닥쳐도 표정 변화 없이 목표를 수행한다. 불안정하지도 배반하지도 않으며, 오직 목표만을 바라본다.

주지화를 방어 기제로 쓰는 사람들은 영화 속의 기계 인간들처럼 이성적으로 행동하면 모든 것이 괜찮을 거라 생각한다. 창백한 얼굴로 논리로만 말한다. 그러나 이런 사람들은 외로움에 직면할 때 너무 힘들어하고 감정적 표현을 하라고 하면 어색해 한다. 즉 다른 사람들과 감정적 교류를 하지 못한다. 심지어는 가족 관계에서도 본인의 역할만 하고 감정을 나누지 않는 삶을 산다. 감정적 유대를 맺지 못하기 때문에 부평초와 같은 삶을 사는 사람들이다.

반면에 아예 감정적으로 사는 사람들이 있다. 감정을 폭발시키는 사람들이다. 이들은 마치 이성이 없는 것처럼 행동한다. 모든 행동의 근거는 오로지 자신이 현재 경험하고 있는 감정이다.

화가 나면 바로 화를 내고, 화가 풀리면 언제 그랬냐는 듯 기분 좋게 행동한다. 감정이 널을 뛴다. 자신이 요구하는 것을 들어 주지 않으면 화를 내거나 운다. 소망을 감정의 형태로 분출하는 사람들이다.

감정만 있는 사람들은 감정을 표출함으로써 자신이 원하는 것을 얻으려 하기 때문에 다른 사람들을 감정적으로 착취하는 경향이 있다. 주변 사람들은 이들의 요구를 들어 주지 않으면 시끄러워진다는 것을 알기 때문에 비위를 맞출 수밖에 없다. 마치 철없는 공주나 부잣집 막내 도련님 같은 느낌을 준다. 어른이 돼도 아이 같은 사람들이다.

감정만 있는 사람들은 사실 환상의 세계 속에서 살려는 사람들이다. 환상 속에서는 모든 것이 가능하지만 현실에서는 그렇지 않다. 이들은 현실을 바라보며 슬픔을 느끼지만 현실의 슬픔을 환상 속의 다양한 감정들로 바꿔 버린다. 자신 속에 있는 진정한 감정을 만나지 않으려고 과장된 감정의 홍수 속으로 피하는 것이다.

과장된 분노, 기쁨, 슬픔을 표현하지만 진짜 자신의 감정은 아니다. 남들에게 용납될 만한, 자신의 자존심에 상처가 되지 않는 안전한 감정을 과장되게 표현한다. 자신의 진짜 문제를 덮기 위해서 다른 문제를 만들어 내는 것과 같은 경우다.

감정 없는 사람들이 그런 것처럼, 감정만 있는 사람들도 정상적인 정서적 유대 관계를 맺지 못하는 까닭에 부평초와 같은 삶을 살아가게 된다.

한편 감정을 많이 느끼지만 이를 표현하지 못하는 사람들이 있다. 마음속에 억울함과 분노가 있지만 이를 표현하면 더 큰 화를 당하는 환경에 있는 사람들이다. 폭력과 학대를 당한 사람들, 공포 분위기에서 성장한 사람들에게서 많이 나타나는 현상이다.

이들은 분노를 표현하지 못하고 가슴 깊이 묻어 둔다. 억압된 감정은 무의식으로 가게 되고 무의식에 쌓인 감정은 표출되려는 충동성을 갖는다. 이런 충동성으로 감정은 신체 조직을 공격하게 되고, 두통·마비·소화 장애 등 여러 증상을 만들어 낸다. 이것을 '신체화 증상'이라고 한다.

예를 들어 손이나 발을 떠는 행위, 얼굴이나 신체의 특정 부위가 떨리는 현상, 신체의 일부가 마비되거나 말을 더듬는 것 등이 있다.

나는 집단 상담 중 의자에 앉았다가 일어나지 못하는 신체 마비 증상을 겪는 사람을 봤다. 이 사람을 다시 의자에서 떼어놓기 위해 많은 시간이 걸렸다. 또 눈을 감았는데 떠지지 않는 마비 증상을 경험한 사람도 있었다. 이 사람도 눈을 뜨는 데 몇 시간이 걸렸다. 모두 수치심으로 인해서 몸이 굳어진 사람들이다.

인간의 감정은 여러 형태로 표현되는데 몸은 그중 하나다.
감정을 제대로 표현하지 못하면 몸도 굳는다.

내 감정의 주인은 '나'

나는 강연 중에 자주 이런 말을 한다.

"다른 사람이 원인 제공을 했다 하더라도 나에게 생긴 감정은 내 것입니다. 그런데 많은 사람들이 원인 제공을 한 사람이 마치 내 감정의 주인인 것처럼 행동합니다. 그러나 기억하셔야 합니다. 상대방이 아무리 큰 원인을 제공했다 하더라도 현재 겪고 있는 감정은 내 감정입니다. 내가 그 감정을 스스로 처리하는 능력을 키워야 합니다."

이렇게 말하면 청중들은 대체로 숙연해진다. 사실 내 불행이 남의 탓이라고 말하고 싶을 때가 있다. 그러나 이런 태도는 보다 성숙한 삶으로 나아가는 데 도움이 되지 않는다.

내담자들로부터 종종 듣는 이야기가 있다.

"내가 그 인간을 용서하나 봐라! 내 눈에 흙이 들어가기 전까지 절대로 용서하지 않을 거야. 그 인간 앞으로 얼마나 잘 사는지 눈을 부릅뜨고 지켜볼 거야."

나는 이런 이야기를 들으면 한편으론 섬뜩하고 한편으론 불쌍한 느낌이 든다. 섬뜩한 느낌은 이들의 분노 때문이다. 분노는 분노한 사람으로 하여금 폭력, 자해, 살인 등 끔찍한 일을 벌이게도 한다. 불쌍한 느낌이 드는 것은 자신에게 해를 끼친 사람 때문에 평생 해를 당하고 살겠다고 하기 때문이다. 화난 사람으로 생을 마치겠다고 하기 때문이다. 자신의 인생을 온통 분노로 불살라서 분노의 삶을 살겠다고 결정하다니 얼마나 불행하고 어리석은가! 나는 그런 사람들의 심정을 충분히 이해하지만 이런 결정은 결국 본인의 삶을 파괴한다.

화가 나고 분노한 감정은 결국 내 것이다. 상대방의 자극에 의해서 화가 난 것이긴 하지만 상대는 자극을 했을 뿐 화가 난 것은 나 때문이다. 내 안의 분노, 열등감, 외로움 등이 건드려지면서 화가 난다. 똑같은 말을 들어도 내가 여유로울 때는 화가 덜 난다.

화를 내는 주체가 자신이라는 사실을 미처 인식하지 못하기 때문에, 화가 날 때 자극을 준 사람을 비난하거나 야단치게 된다. 그런데 상대방은 내가 화를 내는지 분노하는지 알지 못한다. 안다고 해도 자신의 일이 아니라 신경 쓰며 살지 않는다. 나만 그 사람 때문에 감정에 매여 내 삶을 못 산다. 결국 분노와 화는 상대방이 아닌 나를 괴롭히는 감정이다.

보통 화가 나면(일차 감정) 상대방의 말과 행동을 낱낱이 분석해 상대방이 얼마나 잘못했는지, 자신이 얼마나 억울한지에 집중하며 화를 증폭시킨다. 이렇게 상대방에게 내 화에 대한 책임을 지우면 상대방과의 갈등은 피할 수가 없고, 이런 갈등으로 인해 불안과 두려움이 새로 발생한다(이차 감정). 화난 감정은 다스려지지 않고 부정적 감정의 짐만 새로이 떠안게 되는 것이다.

그러나 화난 감정이 자기 것이라고 인식하게 되면 화를 다루기가 수월해진다. '아, 내가 지금 화가 났구나. 저 사람이 한 말과 행동 때문에 내가 분노하고 있구나'라고 스스로의 감정을 알아주고 표현해 주면 화가 훨씬 가라앉는다.

일단 화가 가라앉으면 왜 화가 났는지, 어디서 내 외로움이나 두려움, 수치심이 건드려졌는지 곰곰 생각해 봐야 한다. 이렇게 상대방이 아니라 자신에게 집중하는 것이다. 그러면 화는 화로 끝나게 된다. 불안과 두려움 같은 이차적 감정이 생기지 않는다.

대기업 부장인 S에게는 유독 불편한 사람이 있었다. 부하 직원 박 과장이다. 박 과장은 결재를 받을 때마다 은근히 자기 자랑을 한다. 기획안을 만들기 위해 얼마나 노력했으며 부장인 S를 위해 얼마나 애쓰고 있는지 티를 냈다.

S는 처음엔 그러려니 넘겼다. 조금 거슬리지만 참으면 된다고 생각했다. 그러나 시간이 지나면서 점차 박 과장이 미워지기 시작했다. 급기야는 박 과장이 결재를 받으러 올 때마다 거슬리는 느낌이 강해지면서 화가 났다.

화가 난 S는 박 과장의 기안에 대해 꼬투리를 잡기 시작했다. 나중에는 박 과장이 결재를 받으러 올 때마다 기안이 얼마나 엉망인지 책을 잡았다. 이 일로 인해 두 사람은 결재를 할 때마다 힘겨루기를 하는 양상을 보였다. 박 과장은 자신의 수고를 인정하지 않고 꼬투리만 잡는 S를 능력 없는 상사로 생각하고 무시하기 시작했다. S는 박 과장의 잘난 체하는 버릇을 고쳐 놓겠다고 생각했다. 결국 박 과장이 S를 정식으로 윗선에 고발하는 지경에까지 이르렀다.

왜 이렇게 됐을까? 만일 S가 자신의 불편한 감정을 들여다봤더라면 사태가 이렇게까지 심각하게 진행되지는 않았을 것이다.

S는 잘난 체하는 사람들을 보면 화가 난다. 왜냐하면 어렸을 때부터 동생에게 치이는 삶을 살았기 때문이다. 동생은 똑똑하고 공부를 잘해서 부모님의 사랑을 많이 받았다. 자신도 어느 정

도 공부를 했지만 동생에게 밀려서 동생에 대한 열등감이 있었다. 그래서 S는 잘난 체하는 사람들을 보면 미웠다. 박 과장의 행동은 어린 시절 부모님의 사랑을 빼앗은 동생의 행동처럼 여겨졌다. 열등감이 S의 주제였다.

S는 남보다 잘나고 싶은 마음이 많은 사람이다. 동생보다 더 뛰어난 사람이 돼 부모님께 인정받고 싶었다. 이런 마음의 구조를 알게 되면 자신을 깊이 있게 이해하게 된다.

S는 자신이 열등감을 느끼고 있음을 받아들이는 훈련이 필요하다. 남들보다 잘난 사람이고 싶어 하는 마음을 다스리는 훈련이 필요하다.

이 세상에 자신보다 잘난 사람들이 많이 있다는 사실을 받아들이는 것은 S씨에게 쉽지 않은 일이다. 그럼에도 불구하고 이 싸움에서 승리하지 못하면 S는 앞으로 수많은 박 과장들을 상대해야 한다. 그러면 S의 직장생활은 어려워진다. 박 과장이 문제의 원인이 아니라 S의 열등감과, 우월감을 느끼고 싶어 하는 마음이 문제의 원인이었다.

인간관계에서 갈등을 겪을 때 우리는 당연하게 상대방이 문제라고 생각한다.

"너 때문에 내가 화가 난다."

"너 때문에 이렇게 됐다."

상대방이 원인을 제공했다는 면에서 틀린 말은 아니다. 그럼에도 불구하고 이런 생각을 조금만 바꾸면 우리는 상대방이 자극한 감정 덕분에 내가 어떤 부분에서 화가 나고 무엇을 중요하게 여기는지 알 수 있다.

상대방이 자극한 강도가 세면 셀수록 그것은 나의 중심에 가까운 것이 건드려진 것이다. 그래서 나를 열받게 한 그 상대방에게 "당신 덕분에 내가 어떤 감정에 짓눌리고 있는지 알게 됐다"고 오히려 고마워해야 할 일이다.

그러나 사실 혼자서 이런 작업을 하기는 만만치 않다. 감정을 하찮게 여기는 사회, 감정으로부터 도망가려는 사람들, 우리는 어디서도 감정이 얼마나 소중한 자산인지를 배울 기회가 없었다.

2부에서는 우리들의 모습이기도 한 기천·진영 부부의 심층 분석 사례를 통해 이를 보여 주고자 한다.

2부

감정을 털어 놓게 되면

진영의 아버지는 외항선 선원이어서 몇 달에 한 번씩 집에 들렀다. 살림과 양육은 엄마 몫이었다. 생활에 지친 엄마는 자녀들이 필요로 하는 돌봄을 제공해 주지 못했다. 남편에 대한 원망과 자식들에 대한 비난도 자주 했다. 큰언니는 엄마에게 모든 것을 맞추면서 엄마처럼 바쁜 삶을 살았고, 작은언니는 반항을 많이 했다. 걸핏하면 화를 내며 엄마에게 대들었고 큰언니와 다퉜으며 조용히 지내는 진영을 괴롭혔다. 막내 남동생은 밖으로만 돌았다. 진영은 홀로 커야 했다.

"네 언니나 동생 때문에 못 살겠다. 쟤네들은 도대체 누굴

닮아서 저렇게 속을 썩이니? 남편 복 없는 년은 자식 복도 없다더니 그 말이 딱 맞는다. 그나마 네가 잘해 줘서 살겠다."

엄마는 자주 푸념을 했고 진영은 그때마다 엄마 속 썩이지 말고 제 할 일은 스스로 알아서 하는 사람이 돼야겠다고 생각했다. 대학생이 되고부터는 가족과 관련한 일에 대해서도 자신의 의견을 분명하게 말하기 시작했고, 엄마는 진영의 의견에 따를 때가 많았다.

아버지가 몇 달 만에 집으로 돌아왔을 때도 그랬다. 며칠 후가 엄마 생신이었다. 진영은 가족들에게 이번 엄마 생신은 잘 차려드리자고 제안했다.

"아버지, 오랜만에 아버지가 계시는 동안 엄마 생신을 맞았잖아요. 음식은 저희들이 준비할 테니까 아버지는 엄마 선물을 사 주세요."

"뭐, 생일이 별거라고……. 너희들이 알아서 해라."

"그러면 아버지는 돈만 주세요. 저희가 엄마 선물 사 올 테니 아버지가 드리세요."

진영은 큰언니를 도와 엄마의 생신상을 차리고 작은언니와 남동생을 구슬려 식사를 함께할 수 있도록 준비했다.

엄마는 그날 저녁 생신 밥상을 받으며 울먹이셨다. 그리고 정말 오랜만에 행복해하셨다. 다른 가족들도 말은 안 했지만 흐

뭇해하는 것 같았다. 이날 진영은 많은 칭찬을 받았다. 이렇게 가족들의 칭찬과 인정을 받을 때 뿌듯했다. 살맛이 났다. 외롭지 않았다. 가족에 대한 소속감과 안정감을 느꼈다. 그래서 더 열심히 집안일을 챙기고 자신의 일을 알아서 했다.

진영은 어릴 때부터 늘 외로웠다. 마음을 나눌 사람이 없었다. 어쩌다 엄마에게 힘들고 외롭다는 얘기를 꺼내면 엄마는 "나는 너보다 백배는 더 힘들고 외롭다"면서 진영의 말문을 막았다. 언니들도 진영의 감정을 받아 주지 않았다. 진영은 점차 감정을 표현하지 않게 됐다. 대신 일을 통해서 의견을 말함으로써 가족들의 인정을 받았다.

진영은 이렇게 어려서부터 감정이 보내는 신호(외로움)를 가족들의 인정을 통해 해결하면서 살았다. 그래서 기천이 자신을 인정하지 않으면, 즉 자신의 말을 들어 주지 않으면 전후 관계를 따져보기도 전에 뭔지 모를 감정이 엄습하고 남편에게서 낯선 사람 같은 느낌을 받았다.

이런 느낌을 없애려고 남편을 비난하고 화도 냈다. 그래도 변하지 않으면 무시하는 태도를 취했다. 상대방을 무시하게 되면 일시적이나마 자신이 직면하기 어려운 불편한 감정에서 벗어나 상대방에게 초점이 맞춰진다. 진영은 이렇게 상대방에게 초점을 맞추면서 외로움이라는 감정으로부터 벗어나는 방식으로 삶을 살아왔다.

그런데 진영이 무시하면 할수록 기천은 더욱 멀어졌다. 진영은 부드럽고 자상한 남편을 원하지만 남편이 그렇지 않아 무시하게 되고, 그로 인해 남편은 더 멀어지는 아이러니한 상황이 반복되는 것이다.

진영은 정말 원하는 것을 표현하지 못한다. 그러려면 자신이 외롭다는 것을 받아들여야만 하고 기천에게도 얘기해야 한다. 그것은 진영이 할 수 없는 일이다. 필사적으로 막고 싶은 일이다. 자신이 너무 초라해 보이는 수치스러운 일이기 때문이다.

외로움이 만들어 낸 허상

연애 시절 기천은 따뜻하고 친절한 남자였다. 진영은 이런 모습에 마음을 빼앗겨서 사랑에 빠지고 결혼했다. 그래서 지금의 냉정하고 무뚝뚝한 기천의 모습이 낯설 수밖에 없다. 그러나 진영이 경험을 했건 안 했건 기천의 이런 모습은 기천의 일부분이다.

데이트는 상대방의 한쪽 측면만을 경험하게 한다. 보통 콩깍지라고 한다. 설사 데이트 중에 다른 모습이 있었다 하더라도 진영은 지각하지 못했을 것이다. 자신이 원하는 기천의 모습, 친절하고 따뜻한 모습만을 보려고 했을 것이다.

결혼 후 진영은 남편에게 강한 소망을 갖는다. 자신의 외로움을 남편을 통해 메우려고 한다. 그래서 남편과 늘 함께 있고 싶다. 그런데 남편이 회사일에 매달리면 진영은 가슴이 아프다. 남편이 집에 있더라도 사무적으로 행동하고 딱딱하게 대하면 진영이 원하는 부드럽고 따뜻한 사람이 없기 때문에 슬프다. 진영은 실체가 아닌 자기의 느낌이 만들어 낸 허상(기천)과 살고 있다.

마음이 아플수록 진영은 자신의 마음을 전달하기보다 요구하고 명령하는 방식으로 다그친다. 자기 마음이 아픈 것은 다 남편 탓이라고 생각한다. 그래서 자꾸 요구를 하는 입장에 서게 된다. 요구를 부족하게 채워 주면 남편을 미워하게 되고, 더 몰아붙이는 행동을 하게 된다. 험한 말을 하거나 잔소리를 하거나 심지어는 신세타령식의 비난을 하게 된다. 이렇게 되면 기천은 진영으로부터 더 멀어지게 된다. 두 사람의 관계는 악순환의 레일에 오른다.

진영은 남편이 멀어지면 억울하다. 자신이 피하고자 했던 감정들, 즉 외롭고 허전한 느낌들 때문에 부드럽고 친절한 기천을 선택했는데 속은 것 같아 억울한 마음이 드는 것이다.

억울해하는 사람들은 자신이 피해자라는 메시지를 전달한다. 진영은 남편이 가해자라는 인식을 갖고 있다. 자신의 삶이 무너진 이유가 남편 때문이라고 생각한다. 그래서 남편에게 분노하면서 "내 인생 돌려줘!"라는 메시지를 던진다.

이렇게 메시지를 전달했는데도 남편의 행동이 달라지지 않으면 진영은 이제 익숙한 이면감정인 외롭고 허전한 느낌을 다시 경험해야 한다. 진영은 이런 감정들로부터 탈출할 수 없는 상황에 처하게 되고, 이를 자각하면서 깊은 우울에 빠지게 된다.

기천의 '두려움'

기천은 회사원 아버지와 전업주부 어머니 사이에서 둘째로 태어났다. 형과 여동생이 있다. 아버지는 성격이 급하고 모든 것을 자기 뜻대로 하는 사람이었다. 술을 마신 날이면 온 가족을 모아놓고 일장 연설을 하면서 평상시 서운했던 것들을 무섭게 쏟아놓았다.

어머니는 아버지에게 눌려서 순종적인 삶을 사는 사람이었다. 형은 사춘기에 들어서면서부터 아버지에게 대놓고 대들기 시작했다. 특히 어머니가 아버지 때문에 울기라도 하는 날이면 아버지와 맞짱을 뜨기도 했다. 아버지가 자기를 때리려고 손을 올리면 그 손을 잡고 소리를 질러 아버지가 꼼짝 못하게 했다.

그날도 아버지가 술을 드시고 온 날이었다. 아버지는 언성을 높이며 어머니에게 화를 퍼부었다.

"당신 엊그제 내가 배고프니까 빨리 밥상 차리라고 했을 때 일부러 늦게 차렸지? 날 우습게 보고 무시해서 일부러 밥을 늦게 준 거지?"

그러자 어머니는 형을 부르기 시작했다.

"큰애야, 아버지가 또 저런다. 또 트집을 잡고 나를 못살게 군다."

형은 방에 있다가 뛰쳐나오면서 소리를 질렀다.

"아버지, 이제 그만 좀 하세요. 왜 말도 안 되는 일로 엄마를 괴롭히세요? 제발 그만 좀 하시라고요."

이 말을 들은 아버지는 화가 나서 형을 때릴 기세였다.

"이 자식이 어디서 배워 먹은 버릇이야. 제 어미가 아들만 싸고도니까 이제 자식 놈도 아비를 무시하네."

형의 눈에 핏발이 섰다. 아버지 앞으로 성큼 다가서며 소리를 질렀다.

"뭐라고요? 아버지 정말 이러실 거예요?"

아버지가 한마디만 더 하면 칠 것 같았다.

"에이 막돼먹은 놈."

형의 기세가 등등하자 아버지는 문을 쾅 닫고 방으로 들어가 버렸다. 방에서는 분이 덜 풀린 아버지의 고함소리와 물건을 집어던지는 소리가 들렸다.

기천은 집안에서 싸움이 날 때마다 두려웠다. 예민한 성격의 기천은 가능하면 집안의 평화를 유지하려 노력했다. 억지를 쓰며 엄마를 괴롭히는 아버지를 보면 화가 나고 무서웠지만 불 같은 형이 아버지와 부딪치는 것은 더 견디기 어려웠다. 두 사람이 언성을 높이기만 해도 심장이 쿵쾅거리면서 호흡이 빨라졌다. 누군가 한 사람은 죽을 것만 같은 공포가 밀려왔다.

기천은 필사적으로 이런 상황을 피하고 싶었다. 그래서 아버지와 형의 기분이 어떤지 눈치를 봐서 화를 내지 않도록 비위를 맞췄다. 아버지와 형뿐만이 아니었다. 여동생은 집 밖으로 돌았다. 집에 있을 때에도 신경질만 냈다. 기천은 아버지가 화가 나지 않도록 여동생도 일찍 들어오게 해야 했다.

기천은 늘 집안에 무슨 일이 생길까 봐 전전긍긍했다. 그러면서 자신의 억울한 감정, 화난 느낌, 외롭고 기대고 싶은 마음은 어디에도 얘기할 수 없었다. 어쩌다 여동생에게 하소연하듯 속마음을 얘기한 적이 있었다.

"집에 일찍 좀 들어올래? 네가 집에 일찍 들어와야 나도 한숨 돌리고 살지. 너 오빠가 얼마나 힘든지 알지?"

"나한테 왜 그래? 나한테 신경 쓰지 말고 오빠 일이나 잘해."

동생의 표독스러운 말에 기천은 어처구니가 없기도 하고 화가 났다. 정나미가 떨어졌다. 기천은 다짐했다. '내 가정을 가지면 절대로 이렇게는 살지 말아야지. 나는 화목한 가정을 만들 거야.'

좋은 사람 콤플렉스

기천은 애어른으로 살았다. 아버지와 형이 부딪쳐 집안 분위기가 험악해지면 기천이 나서서 갈등을 중재했다. 그래서 갈등에 대처하는 데는 어느 정도 자신감이 생겼다. 친구들 간에 갈등이 발생하면 양쪽의 이야기를 잘 들어 주면서 원만하게 해결했다. 친구들에게 인기가 있었다.

어른이 돼서도 마찬가지였다. 직원들 간에 갈등이 발생하면 회사는 기천을 찾았다. 특히 상사와 부하 직원들 간에 문제가 생기면 기천은 상사의 이야기를 잘 전달해서 부하 직원들의 불만을 무마하곤 했다. 기천은 회사에 꼭 필요한 인물이었다.

기천이 남을 잘 돕고 자신의 감정은 표현하지 않기 때문에 주변 사람들은 칭찬을 많이 한다. 하지만 누구도 기천이 무슨 생각이나 감정을 가지고 사는지는 잘 모른다. 때로는 친한 친구조차 기천의 마음을 잘 모르겠다고 한다. 기천은 그만큼 자기의 속마음을 다른 사람들에게 말한 적이 없다.

기천은 때때로 피곤하고 짜증이 난다. 이는 너무 많은 일을 할 때 생기는 느낌이다. 거절을 하면 사람들과의 관계가 어려워질까 두려워 다른 사람의 부탁을 모두 받아들인다. 그래서 일에 치여서 사는 사람이 된다. 가족들과 약속을 해 놓고도 휴일에 출근한 이유는 기천의 이런 마음 때문이다.

직장 상사나 동료들은 모두 기천을 좋아하지만 기천이 도움을 요청하기는 어려운 사람들이다. 이미 기천이 맞춰 주는 것으로 관계가 고정됐기 때문이다. 실제로 기천 주변에는 기천이 돌봐야 할 사람들만 있다. 만약에 기천이 이런 관계 패턴을 바꾸려고 하면 홍역을 치러야 한다. 이미지가 나빠질 각오를 해야 하기 때문이다. 특히 상사들에게 이럴 경우 기천의 직장생활에 막대한 영향을 주게 된다. 기천도 이런 점을 잘 알기 때문에 관계를 바꾸려는 시도를 못한다. 기천은 다른 사람들과 갈등을 안 일으키려 애쓰지만, 정작 자신은 누구에게도 위로나 쉼을 얻지 못하고 있다.

기천은 집에서조차 쉴 수 없다. 귀가하면 아내의 기분을 맞춰 주고 아이들을 돌봐야 한다. 이런 상황에서 기천은 자기도 모르는 사이에 거리 두기를 하게 된다. 아내로부터 멀어짐으로써 자신을 보호하고 쉴 시간을 갖는 것이다.

그런데 이런 기천을 진영은 몰아붙인다. 진영 입장에서는 남편이 자신과 아이들을 멀리한단 느낌을 받기 때문이다.

진영이 화를 내면 처음에 기천은 어쩔 줄 몰라 한다. 아내와 갈등이 생기는 걸 원치 않아서 어떻게든 맞추려 한다. 그러나 쉬고 싶고 위로받고 싶은 마음인 것은 변함없다. 단지 화를 내니까 갈등을 피하기 위해 맞추는 척할 뿐이다. 기천은 딜레마 상황에 놓이게 된다. 맞추기도 어렵고 맞추지 않기도 어렵다.

그래서 기천은 아내와의 관계에서 자주 화가 난다. 아내가 수시로 화내고 비난하고 요구 사항이 많은 것도 짜증난다. 그러나 이런 느낌들을 표현하지 못하고 가슴에 묻어 뒀다가 한꺼번에 터진 것이 어린이날 사건이었다.

성인아이들은 일을 하거나 사회생활은 잘하지만 정서적 관계를 잘 못하거나 자신이 정서적으로 어려워지면 잘 참지 못하는 경향이 있다. 기천은 진영과의 관계에서 자주 자신의 감정이 통제되지 않는 상황을 경험하게 된다. 이런 경험들은 기천에게도 아주 힘든 일이다. 자신을 잘 통제해 왔던 사람이 더 이상 자신을 통제하지 못할 때 아주 힘들게 된다.

기천의 성격은 예민한 편이다. 이런 성격의 사람들은 정서적으로 상처 받기 쉽기 때문에 상처 받는 상황을 피하려고 많은 노력을 한다. 이러면 마음에서 많은 에너지가 소모돼 다른 일을 하지 않아도 지치고 힘든 상태가 된다. 자신을 보호하기 위해서 다른 사람들과 거리를 두고 싶어 한다. 거리를 두는 방법 중 하나가 엄격해지거나 쌀쌀맞게 행동하거나 사무적 태도를 취하기다. 기천은 자기도 모르는 사이에 사무적으로 행동하면서 아내와 거리를 둬 자신을 보호하려고 했다.

예민한 사람들은 인간관계에서 문제가 생기면 먼저 가슴에서 정을 뗀다. 자신과 관계없는 사람이라고 생각해서 감정적으로 힘이 드는 상황을 피하려는 것이다. 정이 남아 있는 한 기천은 상대방을 위해 무언가를 하려고 하는 경향이 있다. 이런 경향을 '행동화 경향'이라고 한다.

사람들은 감정적으로 연결된 타인에게 다양한 방식으로 표현한다. 인지적 경향이 있는 사람들은 생각을 하고, 정서적 경향이 있는 사람들은 감정적 표현을 한다. 행동화 경향이 있는 사람들은 무언가를 해 줌으로써 감정을 표현한다. 관계적 경향이 있는 사람들은 옆에 붙어 있으려고 한다. 영적 경향이 있는 사람들은 신비적 체험을 하려고 한다. 기천은 인지적이면서 행동적 경향을 띠기 때문에 생각한 것을 행동으로 옮기는 사람이다.

그러나 이미 회사일을 하느라고 지친 상태에서는 그렇게 할 수 없다. 진이 다 빠진 상황에서 다시 에너지를 내는 것은 자신의 한계를 넘어서기 때문이다. 인간은 생존 본능이 강해서 자신이 살기 위해 여러 장치를 만들어 낸다. 기천으로서는 이런 장치의 가장 약한 단계가 사무적이고 무뚝뚝한 태도다. 다음 단계가 화를 내는 것이고, 가장 강한 형태가 정을 떼는 것이다.

기천은 진영과 갈등이 고조되면서 회사 동료 이유화를 생각하게 된다. 이는 생존을 위한 몸부림이기도 하다. 이유화는 부드럽기 때문에 기천은 그녀를 통해 위로받고 쉼을 얻으려고 한다. 이런 상황이 지속되면 결국 외도를 통한 쉼과 위로를 모색하게 된다.

부정적 감정의 근원, 수치심

영원히 자고 싶을 정도로 깊은 우울에 빠졌던 진영은 몇 차례의 상담을 통해 우울에서 빠져나와 원래의 모습, 즉 '화내는 상태'로 돌아왔다. 기천의 따뜻함을 간절히 원하는 진영. 왜 그녀는 남편에게 원하는 것을 표현하지 못하고 화를 내는 걸까?

"진영 씨는 남편에게 화를 내면서 무엇을 얻기를 원하세요?"

"그야 당당한 사람이 되는 거죠."

"당당한 사람이 되기를 원하면 그냥 당당해지면 되는데 왜 화를 내는 건가요?"

"감정을 보이면 찌질해 보이잖아요."

"그러면 진영 씨는 찌질이가 되고 싶지 않아서, 그러니까 당당하게 보이고 싶어서 화를 내는 거네요. 결국 자기 문제를 해결하기 위해서 남편에게 화를 내고 있는 셈이네요?"

이 질문을 받은 진영은 대답하기 어려워했고 무척이나 곤혹스러워했다.

"지금 기분이 어떠세요?"

"쓸쓸하네요."

쓸쓸함이란 인정하고 싶지 않지만 인정할 수밖에 없을 때 드는 느낌이다.

이제 진영은 딜레마에 빠졌다. 당당하고 싶은 마음에 '화를 내는 자신'과 외로움을 느끼는 '찌질한 자신'을 인정해야 하는 상황 사이에서 어쩔 줄 몰라 했다. 그토록 피하고 싶었던 '외로워하는 자신'의 모습을 인정하려다 보니 신체화 증상이 나타나기도 했다. 가슴이 아프다며 문지르다가 어지럽고 토할 것 같다고 했다. 자신의 감정을 통제하면서 살아온 사람들은 감정이 너무 밀려오면 견디기 힘들어 다시 통제하려고 하다가 몸에 이상이 생긴다.

진영의 신체화 증상이 조금 가라앉아서 대화를 다시 할 수 있게 됐다.

"외롭다는 것을 받아들이면 어떨 것 같으세요?"

"그러면 내가 너무 초라해 보이잖아요. 나는 어렸을 때부터 혼자였고 모든 일을 혼자 알아서 해야 했어요. 혼자 있는 상황이 너무 싫어요. 그걸 피하고 싶어서 남편에게 화를 내면서 집에 있어 달라, 아이들을 봐 달라 요구했던 거고요."

"그러니까 어려서부터 외롭고 힘들었다는 말이네요?"

이 말을 듣자 진영은 너무도 서럽게 울었다.

"맞아요. 어렸을 때부터 너무 외로웠어요. 아무도 나를 좋아하는 사람이 없었어요. 나 자신이 너무 별 볼 일 없는 사람 같았어요. 다른 사람들이 그걸 알게 되면 창피할 것 같았어요. 너무도 서럽고 초라했어요. 그런 느낌을 없애버리고 당당하게 살겠다고 다짐했어요. 그런데 이제는 그럴 수 없다는 사실도 알게 됐어요."

한참을 이렇게 울고 난 진영에게 가슴에 있는 말을 해 보라고 했다. 그녀는 머뭇거리더니 모기만 한 소리로 "나는 혼자 있는 게 싫어"라고 했다. 나는 이 말을 다시 남편과의 관계에 적용해 보라고 했다. 진영은 아까보다는 좀 더 큰 소리로 "나는 혼자 있는 것이 싫어, 기천 씨가 함께 있으면 좋겠어요"라고 했다. 한 걸음 더 나아가서 나는 진영에게 "나는 외로운 여자예요. 당신의 도움이 필요해요"라고 해 보라고 했다. 그러나 진영은 입을 굳게 다문 채 거부하는 표정으로 앉아 있었다. 나는 진영에게 물었다.

"그러면 혼자 살고 싶으세요?"

진영은 고개를 저으면서도 이 말은 하기 싫어했다. 나는 진영에게 일주일 동안 이 말을 연습해 오라고 숙제를 내줬다.

일주일 후 상담실에 온 진영은 그동안 얼마나 힘들었는지 호소했다. 자신이 외로운 여자고 도움이 필요한 사람이란 걸 머리로는 아는데 가슴으로 인정하기가 너무 어려웠다는 것이다. 가슴으로 인정하려니 모든 것이 무너져 내리는 느낌이 들었고 혹시 남편이 자신을 거절하면 어떻게 하나 두려운 마음이 밀려온다고 했다.

모든 것이 무너져 내리는 느낌이란 자신을 지탱하던 지지대가 무너지는 느낌이다. 진영의 지지대는 '나는 똑 부러지게 내 일을 잘해 내는 괜찮은 사람, 인정받는 사람'이었다. 그런데 그것이 모두 외롭지 않으려는 몸부림이었다는 걸 깨달으면서 자신이 아주 작게 느껴졌다. 진영은 자존심 상했고, 이렇게 못난 자신을 남편이 싫어할지 모른다고 염려하고 있었다.

"기천 씨! 부인의 말이 어떻게 들리세요?"

"나는 당신이 외로운 사람인 거 알고 있었어. 당신이 외로운 사람이어서 내 도움이 필요할 거라고 생각하고 있었어."

"그랬어? 내가 외롭다는 걸 알고 있었다고?"

"그래, 괜찮아. 알고 있었어. 그래서 당신에게 기대고 싶은 마음이 있었는데 그렇게 못했던 거야."

"그랬단 말이지? 나만 몰랐던 거야. 내 친구들도 내가 외로움을 많이 탄다고 여러 번 얘기했었어. 당신도 알고 있었네. 그랬어. 다들 알고 있는 것을 나만 인정하지 않고 있었어. 내가 바보였네."

진영은 자신의 외로움을 인정하기가 힘들었다. 진영 입장에서 보면 외로움의 세상은 찌질이들의 세상이었다. 아무도 자신을 좋아하지 않는, 돌봄받을 가치가 없는, 수치스러운 세상이었다.

진영은 이런 세상에 있다는 느낌을 피하기 위해 일에 집착해 왔다는 사실을 이제 충분히 인식했다. 어려서부터 알아서 공부하고, 집안일에 형제들까지 챙기던 부모화 경향, 결혼해서는 살림, 육아, 집안 대소사 챙기기 등을 척척 해냄으로써 남편의 인정을 바랐던 일 등이 모두 외로움을 느끼고 싶지 않았기 때문이었고, 이는 결국 수치심을 견디기 힘들어서 취해 온 태도였다는 것을 비로소 알게 됐다.

내 안의 천사와 괴물

갈등을 싫어하고 주변을 화목하게 하려고 노력했던 기천. 그러나 집에서만은 쉬고 싶었고 그것을 허용해 주지 않는 아내에게 정이 떨어지고 있었다. 진영과의 갈등이 고조되면서 기천의 깊은 곳에 들어 있던 폭력적 성향, 곧 욕하고 물건을 집어던지는 '괴물'이 튀어나왔다. 어린이날 사건 이후 기천은 심한 후유증에 시달렸다. 자신이 그토록 싫어하던 형과 아버지의 모습이 자신에게 있음을 보고 괴로워했다.

"이건 내 모습이 아니에요. 아버지와 형의 모습이에요. 내가 그동안 아버지나 형같이 되지 않으려고 얼마나 노력하고 살았는데요."

기천은 자신도 형이나 아버지와 별반 다르지 않은 사람이라는 점을 인정하고 싶지 않았다. 그래서 자신의 괴물 같은 모습을 거부하면서 이는 형이나 아버지의 모습이라고 비난하고 있었다.

한편으론 진영을 끌어들였다. 자신이 괴물의 모습을 보인 것은 그녀 때문이라는 것이다. 진영이 나쁜 사람이라 자기가 난폭해졌지, 원래는 괜찮은 사람이라는 것이다. 이렇게 책임을 아내에게 전가하면서 기천은 자기가 여전히 괜찮은 사람이라고 주장했다. 이렇게 함으로써 수치심을 피하고 싶었던 것이다.

나는 상담을 하면서 많은 사람들이 이렇게 자신의 모습을 받아들이지 않고 다른 사람을 비난하는 행동을 수없이 봐 왔다.

"기천 씨는 괴물이 자신의 모습이 아니라고 주장하면서 무엇을 얻으려고 하세요?"

이런 질문을 받으면 많은 사람들이 갑자기 멍해지는 경험을 한다. 이런 현상을 나는 '멍 현상(numbness)'이라고 부른다.

멍 현상이란 지금까지 한 번도 생각하지 않았거나 그동안 생각해 오던 것과 정반대의 현상이 나타났을 때 겪는 심리적 마비다. 기천은 자신의 괴물 같은 모습을 받아들이지 않는 것이 무엇인가를 얻기 위해서라고 생각해 본 적이 한 번도 없었다. 그렇기 때문에 이런 질문을 받으니 갑자기 멍해진 것이다.

기천은 세상에는 천사 같은 자신과, 괴물 같은 아버지나 형과 같은 두 종류의 사람들이 존재한다고 생각한다. 천사와 괴물이 같은 존재라는 것은 꿈에도 생각하지 못한다. 천사는 좋은 일만 하고 괴물은 나쁜 일만 한다고 이분법적으로 생각해 온 것이다. 기천은 자신의 천사 같은 모습에만 집착한 나머지 자신 안에 괴물 같은 모습이 있는지 모르고 살아왔다. 나는 기천에게 숙제를 내줬다.

　　"괴물을 부정함으로써 얻는 것이 무엇인가?"

　　일주일 후 상담실에 나타난 기천은 많이 수척해져 있었다.

　　"지난 일주일 동안 잠도 잘 못 자고 일할 기분도 나지 않았어요. 참 고통스러웠습니다. 내 안에 있는 괴물을 부정함으로써 얻는 것은 '나의 우월성'이더군요."

　　기천은 살면서 힘으로는 형이나 아버지를 이길 수 없다고 생각했다. 본능적으로 자신이 형이나 아버지보다 더 잘하는 것이 무엇인지를 찾기 시작했다. 그가 찾은 것은 천사 같은 사람이 되는 것이었다. 그들을 이길 수 있는 방법은 천사가 되는 것이었다. 이런 자신에 대해 자부심을 느끼며 살아왔던 기천은 지금까지 믿고 살아왔던 기반이 무너지는 경험을 했다. 그동안 형이나 아버지 같은 모습으로 살지 않으려고 얼마나 노력했는데, 본인이 그들과 다를 바 없는 사람이라는 것을 어떻게 받아들이겠는가?

기천이 느낀 괴리감은, 괴물 본능이 깨어나서 이미 사자처럼 살고 있는 자신을 수용하지 못한 데서 비롯된다. 자신은 사자로 살고 있는데 여전히 토끼라고 생각하고 있었다. 괴리감을 해결하기 위해서는 자신을 토끼라고 생각하지 말고 사자라고 생각해야 한다.

정글에서 수십 년을 산 토끼는 토끼일 수 없다. 형과 아버지의 싸움을 말리면서 살아온 기천은 토끼일 수 없다. 이미 마음속에 미움이 들어 있기 때문이다. 그러나 기천은 자신을 토끼라고 생각하면서 형과 아버지의 싸움을 말리며 살아왔다. 하지만 결국 아내와의 사건을 통해 자신은 형과 아버지보다 더 큰 괴물임을 스스로 증명한 셈이 된다. 이것이 기천의 삶의 역사다.

이제 기천은 괴물의 세상으로 들어간다. 화를 내면서 사는 아버지와 형은 정글에 사는 괴물들이다. 기천은 이 정글이 싫었고 자기는 이런 세상과 맞지 않는 사람이라 생각하면서 살아왔다. 평화로운 세상을 꿈꾸며 초원 같은 곳에서 토끼들과 살기를 원했다. 토끼들끼리 갈등이 생기면 자신이 도움을 줘 갈등이 없는 삶을 살길 원했다. 그러나 막상 살다 보니 호랑이와 살고 있는 자신을 보게 됐다. 진영은 호랑이처럼 화를 냈고 이 호랑이와 대항하기 위해 기천은 사자처럼 행동하고 있었다.

식욕도 없고 일도 제대로 못하면서 너무나 위축된 마음으로 찾아온 기천. 그는 칭찬받아 마땅하다. 나는 기천에게 칭찬을 아끼지 않았다. 이 어려운 과정을 통과했기 때문이다. 본인이 괜찮은 사람이라고 믿고 살았는데 알고 보니 자신이 욕했던 사람들과 똑같은 사람임을 받아들이는 것은 맷집이 필요한 일이다. 본인은 그 사실을 받아들임으로써 위축되는 느낌이 들겠지만, 그것을 볼 수 있는 내적인 통찰력이 생긴 것은 성장했기 때문에 가능한 일이다. 기찬은 이전보다 크게 성장했다.

인정하면 자유로워진다

진영에겐 이제 외로움의 세상을 온전히 경험하는 일이 남았다. 죽기보다 싫은 일이겠지만, 반드시 거쳐야 할 일이었다. 나는 진영에게 생각하고 싶지 않을 정도로 외로웠던 순간이 언제였는지 물어봤다. 진영은 아무에게도 말하지 않았던 사춘기 시절의 왕따 경험을 얘기했다.

"어렸을 때부터 친구가 별로 없었어요. 초등학교 고학년이 되면서 같은 반 아이를 한 명 사귀게 됐는데, 이 친구가 같이 놀자고 하는데 대답이 퉁명스럽게 나갔어요. 엄마한테 친절하게 수용받은 경험이 별로 없어선지 골난 아이 같은 표정을 하고 있었던 것 같아요. 친구는 마음이 상했는지 화를 내면서 '너랑 다신 안 놀아'라고 했어요. 그러고는 다른 아이들하고만 놀았어요. 다른 아이들도 저를 놀리면서 '찌질이, 너랑 안 놀아'라고 했어요. 찌질이란 말에 화를 낼수록 아이들이 더 놀려댔어요. 친구 한 명 없고 놀림만 받는 학교에 가기 싫었어요. 너무 힘들었어요."

이 이야기를 하면서 진영은 온몸을 부르르 떨며 울기 시작했다. 진영은 자신의 외로움을 깊이 만나고 있었다. 당시에는 너무 힘들어 말조차 할 수 없었던 아픔을 지금은 말로 표현하고 있었다.

"저는 찬바람이 부는 이쪽 벌판에 혼자 서 있고 아이들은 모두 저쪽 편 따뜻한 아지랑이 피는 곳에 있는 것 같았어요. 그쪽으로 아무리 가려고 해도 갈 수 없었어요. 한번은 용기를 내서 아이들이 있는 쪽으로 갔는데 제가 있는 곳만 계속 찬바람이 불면서 추웠어요. 주변에 있는 아이들은 따뜻해 했는데 저만 추웠던 거예요."

이 이야기를 하는 동안 나는 기천으로 하여금 아내의 손을 잡아 주도록 했고, 진영이 몸을 부르르 떨 때는 안아 주도록 했다. 진영은 남편이 안아 주자 더 서럽게 울더니 같은 반 친구들에게 화를 내기 시작했다.

"내가 뭘 그렇게 잘못해서 나를 왕따시켰니? 어떻게 그럴 수가 있었니……. 엉엉."

진영은 소리를 지르며 통곡했다. 이야기를 하는 동안에 손도 차가워지고 몸도 차가워지는지 옷을 더 달라고 했다. 기천이 옷을 벗어서 진영을 덮어 주었고, 진영은 한참을 더 추운 느낌에 빠져 있었다.

진영은 자신의 외로움을 깊이 만났고, 외로운 사람임을 인정했다. 그러나 그러면서도 자신은 찌질이가 아니라고 했다. 자신을 외롭게 만든 사람은 부모였다고 했다. 부모의 책임이지 자신의 책임은 아니라고 했다. 그러면서 어린 시절 얘기를 꺼냈다.

"일고여덟 살였을 거예요. 낮잠을 자다 일어났는데 집 안에 아무도 없었어요. 겁이 나서 '엄마! 엄마!' 하고 불렀지만 답이 없었어요. 무슨 일이 생긴 건지, 식구들은 어디에 있는 건지……. 그때 얼마나 무서웠는지 몰라요. 마음을 졸이며 엄마를 기다리다가, 평소에 엄마가 방 청소를 하라고 했던 게 생각났어요. 엄마가 하라고 했던 일을 해 놓으면 엄마가 빨리 올지도 모른다고 생각하면서 방을 청소했어요. 그런데도 엄마는 오지 않았고 저는 무섭기도 하고 힘들기도 해서 울다가 잠이 들었어요.

무슨 소리가 나서 일어나 보니까 엄마, 아빠, 동생이 와 있었어요. 저는 부모님이 얼마나 무서웠냐고 물어봐 주실 거라 생각했는데, 마치 아무 일도 없는 듯 다른 말씀만 하시는 거예요. 그런 부모님께 제가 얼마나 무서웠는지 얘기할 수 없었어요. 부모님은 그때 왜 그러셨을까요? 저는 왜 아무 말도 못했을까요? 뭔가 답답하고 이상했지만 이런 일이 반복되면서 저는 엄마와 아빠가 원하는 것들을 해야만 엄마와 아빠가 빨리 온다고 생각했던 것 같아요."

진영은 말을 마치고 너무나 허탈한 표정을 지었다.

"이야기를 하고 나니 내가 참 한심한 아이였던 것 같아요. 아무도 없어서 얼마나 무서웠는지 얘기도 못했네요. 혼자 생각으로 엄마 아빠가 좋아하는 일을 하면 엄마 아빠가 빨리 올 거라고 믿었네요. 너무 두려워서 그렇게라도 나를 위안한 것 같아요. 그렇게 인정하기 싫었는데 결국 나는 한심한 사람이었네요."

한심한 아이는 곧 찌질이였다. 결국 진영은 자신이 한심한 사람이라는 데 이르렀다. 진영은 말을 마치고 기천과 내 눈치를 보면서 위축됐다. 이렇게 산 자신을 사람들이 알까 봐 두려워했다.

"남편이 진영 씨를 어떻게 생각하는지 궁금한가요? 한번 물어보세요."

진영은 마지못한 표정을 지으며 남편에게 물었다.

"내 말 듣고 나니 어때? 나 찌질이 같지? 동정은 싫으니까 사실대로 말해! 나는 다 받아들일 수 있어!"

"아니야! 나는 자기가 그렇게까지 외롭게 살았는지 전혀 몰랐어. 지금 얘기를 들으니까 나한테 왜 그렇게 일찍 들어오라고 했는지 알 것 같아. 휴일에 내가 나가면 왜 그렇게 싫어했는지 이제야 이해할 것 같아!"

이 말을 들은 진영은 안도의 한숨을 쉬면서 눈물을 흘렸다.

진영은 외로움을 멀리하려는 삶을 살았다. 외로운 사람들은 찌질이고 비참한 존재들이기 때문에 자신은 외롭고 싶지 않았다. 결국 찌질한 사람이라는 얘기를 들을까 봐 외로움을 받아들이지 못하는 삶을 살아왔다. 진영은 외로움에 대해서 새로운 가치관을 가져야 하는 단계에 이르렀다.

나는 진영에게 "외로우면 왜 찌질한가요?"라고 물었다.

질문을 받은 진영은 당황하는 기색이 역력했다. 한 번도 생각해 보지 않은 질문을 받았기 때문이다. 나는 그녀가 진정하기를 기다렸다가 마음이 어떤지 물어봤다. 진영은 멍하다고 했다. 나는 좀 더 시간을 주었다. 다음 주에 올 때까지 외로운 느낌이 들면 일을 하거나 누군가를 찾아가지 말고 조용히 혼자 있는 시간을 가지면서 생각해 오는 숙제를 내줬다.

일주일 후 진영은 밝은 표정으로 상담실에 들어왔다.

"선생님, 숙제를 하기 전에는 많은 갈등이 있었어요. 내가 그토록 싫어하는 감정을 만나라고 하니 원망스럽기도 했어요. 그래서 처음 며칠은 예전처럼 도망 다녔어요. 씩씩한 척하면서 일을 하기도 했고 남편을 괴롭히기도 했어요. 그런데 문득 '내가 왜 이러지?' 하면서 '내가 겁쟁이구나' 하는 생각이 들었어요. 겁쟁이인 내가 더 찌질이 같다는 생각이 들었어요. 그래서 외로울 때 선생님이 하라고 한 것처럼 조용히 혼자 있어 봤어요. 그런데 외로운 마음이 들면 내가 자꾸 극단적으로 외로운 상황으로 상상의 나래를 펴는 걸 봤어요. 어처구니가 없었어요. 그래서 이런 상상을 중단하면서 조용히 내 외로운 감정을 만나고 머물러 봤어요. 신기하게도 아무 일도 일어나지 않았어요. 그리고 남편의 외로움이 느껴지기 시작했어요. 남편도 나 때문에 참으로 외롭겠구나 하는 마음이 들었어요. 남편의 외로움과 내 외로움이 같이 있는 저를 발견했어요. 그래서 남편에게 조용히 다가가서 손을 잡아봤어요. 그런데 남편이 내 손을 꼭 쥐어줬어요. 참 좋았고, 외로움이 점차로 사라지는 것을 느꼈어요."

이렇게 몇 주를 행복해 하던 진영이 다시 투덜거리기 시작했다. 남편이 멀어진 느낌이라고 말하면서 남편이 밉다고 했다. 그래서 나는 다시 같은 숙제를 내줬다. 일주일 후 상담을 받으러 온 진영은 지난번처럼 밝은 표정은 아니었다. 그러나 좀 더 깊어진 느낌이 들었다.

진영은 "외로움은 나쁜 것이고 찌질한 사람들만 경험하는 건 줄 알았는데, 인간 존재의 본질적인 측면임을 알게 됐다"고 했다. 진영은 자신의 외로움을 깊이 받아들이고 변화됐다. 진영은 이제 남편과 모든 것을 함께하려고 하지 않는다. 함께할 것과 그러지 않을 것을 구분해야 함을 알게 됐다.

"인간은 결국 혼자네요. 나만 외로운 게 아니었어요. 못나서 외로운 것도 아니었어요. 이제는 남편이 집에 없어도 괜찮을 것 같아요."

이 말에 기천은 무척이나 행복해 했다.

"아내가 이렇게 말하니 살 것 같아요. 그동안 뭐든지 같이하고 싶어 해서 부담스럽고 힘들었어요. 압박감이 한꺼번에 없어지는 느낌이에요."

진영은 남편에게 매달리던 모습에서 벗어나 스스로 서 있는 당당해진 자신을 느꼈다.

그동안 진영은 반쪽짜리 인생을 살았다. '외로움'과 '함께'는 동전의 양면이다. 함께 있는 사람들도 외로울 수 있고, 외로운 사람들도 언제든 다른 사람과 함께 있을 수 있다.

외로움은 나의 아이덴티티(정체성)를 알려 주는 중요한 역할을 한다. 함께만 있으면 인간은 자신이 누구인지를 잘 알지 못한다. 인간은 혼자 있을 때 자신이 무엇을 좋아하고 어디를 향해 가고 있는지 알 수 있다. 인간은 모두 단독자(單獨者)들이다. 서로 아무리 사랑한다 해도 두 단독자 사이에는 간격이 있을 수밖에 없다. 아무리 노력을 해도 가닿을 수 없는 거리가 있다. 인간은 외로움을 받아들이는 훈련이 필요하다. 그리고 외로움이 너무 커져 문제가 생기지 않도록 다른 사람들과 함께하는 훈련도 필요하다. 이것을 모르고 외로움 자체를 없애려고 하면 문제가 생긴다는 사실을 인식해야 한다.

"내 안에도 괴물이 살고 있었구나"

기천은 자신이 괴물이라는 점을 약간은 인정했지만, 다시 토끼로 돌아가서 얘기했다. 토끼로 있을 때 느꼈던 두려움에 대해 말하기 시작했다. 진영이 외롭기는 하지만 찌질하지는 않고, 모든 것은 부모 때문이라고 했던 것과 똑같은 논리였다. 즉 기천이 괴물이 된 건 아버지와 형 때문이라는 것이었다.

"제가 일곱 살이고 형이 열일곱 살이었어요. 그날도 아버지는 술을 마시고 들어와 소리를 지르면서 우리들을 불렀고, 형과 나는 아버지 앞에서 일장 연설을 들으며 혼나고 있었죠. 아버지가 고개를 돌리고 싫은 표정을 짓고 있는 형을 보고 '야! 이놈아! 아비가 말을 하는데 콧등으로도 안 들어? 아비를 무시해! 이런 후레자식 같으니!' 하면서 따귀를 때렸어요. 아버지가 또다시 따귀를 때리려고 하니까 형이 아버지의 손을 잡으면서 '아버지! 내가 그렇게 못마땅하세요? 이럴거면 왜 나를 낳았어요? 내가 낳아 달라고 했어요?'라고 대들었어요. 아버지는 화를 주체하지 못하고 형에게 발길질을 했고 형은 아버지에게 주먹질을 했어요. 아버지보다 덩치가 큰 형이 아버지를 죽일 것같이 팼어요. 나는 이 광경을 보면서 너무 무서웠어요. 엄마한테 달려갔고 엄마가 아버지와 형을 말렸어요. 저는 울면서 '형! 그만해. 이러다가 아버지 죽을 거 같아!'라고 소리를 질렀고, 형은 문을 박차고 나가 버렸어요. 저는 그 이후 너무나 무섭고 두려워서 형이나 아버지와는 말을 하려고 하지 않았어요."

기천은 이때 일을 말하면서 마치 어린아이가 두려워서 떠는 것처럼 온몸을 부들부들 떨었다. 나는 진영에게 안아 주라고 했다. 기천은 진영에게 안겨서 정말 어린아이같이 울었다. 처음에는 흐느끼더니 나중에는 큰 소리로 "엄마! 엄마! 나 무서워!" 하며 울었다. 진영은 기천을 부둥켜안고 자신도 모르는 사이에 "괜찮아! 괜찮아! 엄마 여기 있잖아"라고 했다.

한참을 울던 기천은 갑자기 눈물을 그치고 벌떡 일어서더니 화를 내기 시작했다.

"아니, 도대체 형과 아버지는 정신이 있는 거야 없는 거야? 왜 둘은 걸핏하면 서로 주먹질을 하고 난리야. 그렇게 싸움이 좋으면 정정당당하게 붙어서 누가 더 센지 제대로 겨뤄 보든지. 나 같으면 그런 식으로 안 싸워. 확실하게 끝장을 내고 말지!"

나는 기천의 갑작스러운 변화를 보고 질문했다.

"이제는 무섭지 않으세요?"

"네. 전혀 무섭지 않아요."

"진영 씨는 기천 씨의 이런 모습이 어떻게 느껴지시나요?"

"저는 정말 생소하네요. 기천 씨가 울 때는 너무 안쓰러웠는데, 저렇게 화를 내니 좀 이상하고 내 남편 같지 않아요. 그런데 믿음직스럽긴 하네요."

"기천 씨는 지금 기분이 어떠세요?"

"하고 싶었던 말을 하고 나니 속이 후련하네요."

시간이 지나서 기천의 화난 기분이 가라앉은 다음에 다시 물었다.

"지금은 기분이 어떠세요?"

"내가 아까 왜 그랬는지 잘 이해가 되지 않네요. 조금 어색하고 쑥스럽긴 한데 기분이 나쁘지는 않은데요."

기천은 자신 속의 괴물을 받아들였다가 다시 밀어냈다가 하는 과정을 반복하고 있었다. 이런 과정을 반복하면서 기천은 이미 자신과 싸우는 방법을 배워 가고 있었다. 자신이 괴물이라는 사실을 받아들이면 마음속에서 저항이 생긴다는 사실을 분명하게 인식했다.

이 과정 중에 진영과 갈등이 생겼다. 이번에도 기천이 휴일에 회사를 나가는 일로 언쟁을 하게 된 것이다.

"우리가 상담까지 받으면서 노력하고 있는데 당신은 아직도 휴일에 회사를 가야 해?"

기천은 이 말을 들으면서 화가 났다고 했다. 실제로 화를 내지는 않았지만 자신 안의 괴물이 이미 건드려졌고 자신이 얼마나 쉽게 화가 나는 사람인지를 보게 됐다.

"선생님, 상담을 받는데도 왜 이렇게 화가 나는 건가요? 제 안에는 도대체 얼마나 많은 화가 들어 있는 걸까요?"

"만일 자신이 정말 괴물이라는 사실을 받아들이고 다른 사람들도 기천 씨가 괴물임을 알게 된다면 어떨 것 같으세요?"

"내가 받아들이는 것까지는 괜찮은데 다른 사람들에게까지 괴물이라고 알려지면 몹시 화가 날 것 같아요."

"왜 그렇게 화가 날 것 같은가요?"

"어, 그게 쪽팔리잖아요. 내가 나를 괴물이라고 받아들이기도 힘든데 다른 사람들까지 나를 그렇게 보면 비참할 것 같아요."

"자신을 다른 사람들이 괴물이라고 하면 왜 쪽팔리고 비참한데요?"

"그냥 쪽팔리고 비참한데 왜인지는 모르겠어요."

기천은 자신에 대해서 더 이상 이해를 하지 못하는 막다른 벽에 다다랐다. 사람들은 자신에 대한 인식의 한계에 부딪힐 때 똑같은 말을 반복한다.

기천의 마음속 저항은 괴물인 자신을 수치스럽게 여기는 마음에서 온다. 화를 내고 폭력을 휘두르는 괴물의 모습은 추하고 수치스럽다. 바닥의 인생을 사는 사람들의 모습이다. 도저히 남 앞에 드러낼 수 없다.

아버지나 형은 '화를 일상적으로 내는 괴물'들이었다. 그러나 기천은 대화를 통해서 '화를 조절하는 구원자'였다. 자신도 아버지나 형과 다를 바 없는 사람이라는 사실은 그들보다 힘도 세지 못하면서 착하지도 않은, 아무것도 내세울 것이 없는 못난 사람이라는 말과 다름없다. 견디기 어려웠다. 자신은 인정한다 해도 다른 사람들까지 자신을 그렇게 보는 것은 정말이지 받아들이기 어려웠다. 기천은 이제 다른 사람들에게 있는 그대로의 수치스러운 자신을 드러내야 하는 중요한 과제에 직면하게 됐다.

기천에게는 괴물을 수용하는 마지막 단계가 남아 있다.

"괴물이 무엇인 것 같나요?"

나는 이 질문을 여러 번 했다.

"괴물이 괴물이지 뭔가요?"

"괴물이 무엇인 것 같나요?"

"괴물이 무섭기만 하지는 않네요."

"괴물이 무엇인 것 같나요?"

"조금은 익숙한 것 같네요. 이제는 괴물과 좀 친해진 것 같아요. 괴물도 나지요."

이런 과정을 거치면서도 여전히 기천은 괴물이라는 표현을 쓰고 있었다. 마음에 들지는 않지만 존재를 부정할 수 없어 마지못해 쓰는 표현이다. 마치 괴물에게 자기 집의 방을 한 칸 내주면서 같이 살고 있는 듯한 형국이다.

"괴물에게 이름을 붙이면 무엇일 것 같은가요?"

이 질문에 대해서 기천은 많은 고민을 했다. 한동안의 씨름 끝에 대답했다.

"나의 거친 면, 지배하고 싶어 하는 면, 내 마음대로 하고 싶어 하는 면 같은데요. 그러네요. 나도 형이나 아버지처럼 마음대로 하고 싶어 하네요. 이 괴물은 '자기중심적인 거친 나'라고 이름을 붙여야겠어요."

기천은 자기 속에 깊이 들어 있던 '자기중심적이고 거친 나'가 건드려지면 화가 났다. 그러나 시간이 흐르고 이성을 찾으면

'조용하고 평화로운 나'로 돌아와 '거친 나'를 비난했다. 기천이 살고 싶어 했던 세상은 평화롭고 조화로운 세상이다. 이런 세상에 살기 위해 기천은 조율하고 노력하며 살았다. 그러나 이런 노력은 곧 실패를 하게 된다. 왜냐하면 어떤 현상의 한쪽 측면만을 보는 것이기 때문이다. 모든 평화, 조화는 그 이면의 불안, 갈등과 짝을 이룰 수밖에 없다.

기천은 사람들에게 친절하고 배려하는 것도 본인의 모습이고 분열과 갈등을 만들어 내는 것도 본인의 모습임을 인정했다. 특히 괴물을 '자기중심적인 거친 나'라고 이름 붙임으로써 자신의 밝은 면과 어두운 면 모두를 받아들이는 인식의 확장을 경험했다. 그러면서 진영과의 관계도 즐길 수 있게 됐다. 화를 잘 조절할 수 있게 됐고 화를 내더라도 오래 가지 않고 빨리 수습해서 쉽게 관계를 정상화할 수 있게 됐다.

기천은 새롭게 태어났다. 이제는 자신도 갈등을 일으킬 수 있으며 화를 내는 사람이라는 사실을 받아들이게 됐다. 화를 내는 자신을 부끄럽게 여기지도 않게 됐다. 자신의 이미지가 실추될까 봐 두려워하며 쫓겨 다니지도 않게 됐다. 기천은 자신으로부터 자유로워졌다.

충족되지 못한 자기애의 욕구

어린 시절 부모에게 받지 못했던 사랑과 안정감을 배우자를 통해 해결하려 했던 두 사람. 외로웠던 진영은 기천의 부드러움과 배려가 좋았다. 기천이 섬세하게 신경 써 줄 때마다 특별한 사람이 된 듯한 느낌이 들었다.

집안이 조용하길 바라며 늘 불안하게 살았던 기천은 진영의 독립심이 좋았다. 진영한테는 아버지나 형에게처럼 전전긍긍하며 신경 쓰지 않아도 될 것 같았다.

실제로 배우자는 제2의 부모 역할을 하며 어린 시절의 상처를 씻어 줄 수 있다. 배우자의 사랑으로 평생을 따라다니던 외로움과 두려움에서 벗어나는 사람들도 있다. 그러나 이는 한쪽이 건강한 감정 상태일 때 가능한 일이다.

진영이 푹 빠졌던 기천의 부드러움과 배려는 건강한 마음 상태에서 태동한 것이 아니라 불안과 두려움을 해결하려고 발달된 눈치에서 나왔던 것이다. 기천이 마음에 들어 했던 진영의 알아서 자기 일을 하는 모습 역시 외로움을 벗어나고자 했던 몸부림이었다.

서로에게서 각자의 바람이 만들어 낸 허상을 보고 결혼했으니, 그 위에 지어진 집도 견고하지 않았다. 신혼이 지나고 아이를 낳으면서 결혼 생활이 삐걱거리기 시작했고, 각자가 피하고자 했던 감정을 다시 느끼게 되는 상황이 잦아졌다. 진영은 다시 외로워졌고 기천은 다시 불안해졌다.

진영은 외로움을 직면하지 않으려고 화를 내기 시작했고 기천은 평소의 부드러움을 깨고 분노를 폭발시키며 자신의 본모습을 드러냈다. 화내는 아내와 폭력적인 남편의 전형적인 드라마다. 부모에게서도 배우자에게서도 충족되지 않은 자기애의 욕구는 진영에게는 우울증으로, 기천에게는 외도로 변형됐고 다행히 그 시점에서 상담이 시작됐다.

인간은 자신을 괜찮은 사람으로 여기고 싶어 한다. 각자 절대 양보할 수 없는 자신만의 영역이 있고 이것이 침범될 때 분노한다. 그 절대 양보할 수 없는 영역을 자존심이라고도 할 수 있다.

사람들이 가정이나 사회생활에서 감정의 동요가 심해지는 것은 자존심이 건드려졌을 때다. 능력이 없어서, 학력이 달려서, 돈이 없어서 무시당한다고 생각할 때 사람들은 견디기 힘들어한다. 자존심에 상처를 입기 때문이다.

결국 자기가 작은 존재라는 것을 인식하고 느낄 때 사람들은 괴로워한다. 괜찮은 사람이라는 아이덴티티가 붕괴되기 때문이다. 다른 사람보다 위에 있다고 느낄 때 사람들은 편안해하고 만족스러워 한다. 최소한 비슷하기라도 해야 안심한다.

그래서 사소한 말싸움에서도 절대 질 수 없다. 가족이나 친구 간의 대화에서 마음이 상하고 안 하고는 옳고 그름이 아니라 상대방이 나를 인정했느냐 무시했느냐에 달려 있다. 사람들은 의식적으로든 무의식적으로든 사생결단의 태도로 수치심을 느끼게 하는 상황을 저지한다.

수치심은 앞에서도 말한 것처럼 부모로부터 건강한 자기애가 충족되지 않아 느끼는 불안, 외로움, 열등감에서 비롯된다. 부모에게 인정받지 못한 아이들은 무의식적으로 수치심의 메시지를 갖고 산다. 부모가 인정하고 칭찬해 주면 아이들은 스스로가 '중요한 존재'인 것 같고 뭔가 중요한 것들을 '성취한 것'과 같은 느낌을 갖는다. 그러나 부모의 인정을 받지 못한 아이들은 마음 속 깊은 곳에서 자신이 별 볼 일 없는 사람, 쓸모없는 사람이라는 수치심의 메시지를 갖게 된다.

표면감정, 이면감정, 심층감정

무의식 속에 수치심을 갖게 되면, 다른 사람들이 자신의 본모습 (수치스러운 모습)을 알까 봐 두려워하게 된다. 사람들이 자신의 실상을 알게 되면 무시하거나 비난할까 봐 두려워한다. 그래서 이런 두려움을 없애기 위해 자기도 모르게 다양한 방어 기제들을 사용하게 된다. 예를 들어, 억압·회피 같은 것들이다.

또한 사람들은 불안하고 두려울 때 이를 감추려고 화를 낸다. 화를 냄으로써 자신에게 맞춰졌던 포커스를 상대방에게 돌리면 본인은 두려운 감정에서 시선을 뗄 수 있다. 그리고 화가 가진 기본 메시지, "너는 틀렸고 내가 맞다"는 메시지는 본인을 상대방보다 우위에 서게 한다. 이렇게 하면 내가 작고 못나 보이는 수치스러움을 피할 수 있다.

화는 이렇게 자신의 문제를 피하면서 다른 사람보다 우위에 서는 일거양득의 효과를 가져다 준다. 화가 표면감정이고 불안과 두려움이 이면감정이다. 그리고 이면감정 뒤에는 심층감정인 수치심이 있다.

수치심을 느끼지 않으려고 하다 보니 불안하고 두렵고, 불안함과 두려움을 드러내지 않으려고 화를 내는 것이다. 진영과 기천이 서로에게 화를 냈던 이유다.

◆표면감정-이면감정-심층감정(기천·진영 부부의 경우)

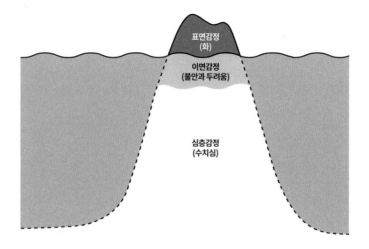

상담을 하면서 수많은 가정 폭력을 목격했다. 그런데 가정 폭력범들은 우락부락한 사람들이 아니었다. 오히려 순하게 생겼거나 비실비실한 사람들이 많았다. 스스로도 자신이 약하고 보잘것없다는 수치심을 갖고 있는데(심리적 열등감) 배우자가 약점을 건드리는 말을 할 경우 이를 만회하고 싶어 전능의 욕구가 폭발한다.

그런데 폭력을 행사하고 나면 남들로부터 지탄을 받고 스스로도 죄책감과 수치심을 느낀다. 작은 존재임을 벗어나려고 폭력을 행사했다가 오히려 자신이 작은 존재임을 증명하게 되는 역설을 맞게 된다.

많은 사람들이 상담하러 와서 내가 무슨 말을 하는지에 신경 쓴다. 혹시라도 내가 원하지 않는 말을 하거나 받아주지 않으면 어떻게 하나, 하는 염려를 갖고 온다.

나는 상담자로서 이들을 최대한 수용하려고 한다. 이렇게 함으로써 긴장을 풀도록 한다. 긴장이 풀리고 나면 많은 사람들이 화를 낸다. 진영이 우울증이 치료되자 화를 냈던 것처럼 자신이 얼마나 억울하게 살아왔는지, 그리고 부당한 대우를 받았는지 화를 내며 얘기한다.

그렇게 한참 화를 내고 나면 진면목이 드러나는데, 그것은 뭔가를 두려워하는 모습이다. 이 단계가 되면 기천과 진영이 그랬던 것처럼 사람들은 서럽게 울며 그동안 자신이 얼마나 가슴 졸이고 불안해하며 살아왔는지를 토로한다. 얼마나 외로웠고 얼마나 의지하고 싶었는지 얘기하는 것이다. 내면의 어린아이가 나오는 것이다.

결국 우리는 외롭고 두려워하는 작은 존재들인데, 스스로에게도 남 앞에서도 이것을 인정하기 힘들었다. 인정하는 대신 외롭지 않고 두려운 것이 없는 큰 존재가 되려고 하다가 상처 입고 힘들어했던 것이다.

사람들은 모두 자기애에 상처를 입는다. 어느 부모도 아이의 자기애를 온전히 만족시킬 수 없다. 부모 역시 불완전한 인간이기 때문이다. 그래서 인간에게 수치심은 피할 수 없는 감정이다. 뒤늦게 부모의 인정을 받아도, 혹은 건강하게 자기애가 충족된 배우자의 도움을 받아도 수치심이 온전히 사라지지는 않는다. 부모도 배우자도 불완전한 인간이고 그들 또한 자기애의 욕구가 완전히 충족되지 않았을 확률이 높기 때문이다.

수치심은 역설적으로 이런 인간의 불완전성과 한계를 받아들일 때 해결할 수 있다. "인간은 불완전하다. 부모도 불완전하다. 나도 불완전하다. 너도 불완전하다. 우리 모두 인간으로서 불완전한 작은 존재다"라는, 그렇게도 피하고자 했던 이 사실을 받아들일 수 있으면 오히려 해결이 가능하다. 더 이상 이를 감추기 위해 두려워하거나 불안해하지 않아도 되고, 커지기 위해 노력하지 않아도 되니까 편안해지고 자유로워진다. 인간 존재가 갖는 아이러니다.

3부

우리를 불편하게 하는 감정들

부정적 감정도 방향만 바꿔 주면

사람이 느끼는 감정의 종류는 수없이 많다. 내가 분류해 놓은 감정만 해도 60가지가 넘는다. 이 가운데 기쁨, 즐거움, 편안함 같은 유쾌한 감정들을 느끼는 것은 살아가는 데 아무런 문제가 없다. 그런데 어떤 감정들은 느끼는 것만으로도 우리를 힘들게 한다. 화, 불안, 외로움, 열등감 같은 부정적 감정들이다. 때로 이 감정들은 강도가 너무 세서 우리를 온통 휘젓는다. 적절히 조절하지 않으면 나와 남에게 큰 피해를 준다.

화가 난 사람들은 폭력적으로 변한다. 아동 학대, 부부 갈등, 사회적 범죄, 심지어 국가 간 전쟁도 화로 인해 생긴다.

불안은 우리의 정신 건강에 직접적으로 영향을 주는 감정이다. 두려움, 공포, 공황 장애 등은 불안과 관련이 깊다. 불안하면 마음 편히 살 수 없다.

'외로움은 뼈를 녹게 한다'는 말이 있다. 외로운 사람들은 상대방이 조금만 잘해 주면 쉽게 넘어간다. 남녀 관계라면 쉽게 성관계를 하고 동성인 경우에는 서로 밀착된 관계를 갖는다. 밀착 관계는 단순히 친한 관계와 다르다. 정서적으로 너무 가까워서 서로의 경계선을 유지하기 어려운 관계다. 그래서 갈등이 많이 발생한다.

많은 사람들이 밀착된 관계를 친하다고 생각한다. 밀착된 관계의 대표적 경우가 '비밀 없는 사이'다. 서로 비밀이 없으면 친하다고 생각하기 쉽지만, 사실은 그렇지 않다. 인격적 관계를 하기 위해서는 서로의 비밀을 존중하는 것이 필요하다. 친밀한 관계는 비밀을 자발적으로 얘기하는 관계다. 왜냐하면 상대방이 나에게 특별한 사람이기 때문이다. 그러나 친한 사이니까 서로 비밀이 없어야 된다며 비밀을 강요하기 시작하면 인격적 관계가 아닌 강요된 관계가 된다. 그래서 밀착 관계는 갈등이 많이 발생한다. 밀착되어 있다가 갈등이 생기면 관계가 단절되거나 소원해진다. 이런 관계를 '역기능적 관계'라 한다. 이런 역기능을 일으키는 감정은 주로 외로움이다.

열등감은 경쟁에서 진 사람들이 갖는 복잡한 감정이다. 살면서 우리는 경쟁을 피할 수 없다. 이긴 사람은 우월감을 갖고, 진 사람은 열등감을 갖는다. 열등감을 가진 사람이건 우월감을 가진 사람이건 원하는 것을 얻기 위해 다른 사람을 이용하는 건 마찬가지다. 결국 우월감이나 열등감은 건강하고 풍요로운 삶에 도움이 되지 않는다.

그런데 위에서 언급한 감정들은 방향만 바뀌면 풍요로운 삶의 자원이 될 수 있다.

화난 사람들은 열정적인 사람이다. 화가 많은 사람들은 대체로 추진력이 좋다. 뭔가를 추진하려다가 화를 내게 된다. 사람이나 일에 관심 없는 사람들은 상대방이 어떻든, 일이 어떻게 돌아가든 화가 나지 않는다. 화난 감정을 잘만 조절하면 이 열정은 사람들과 자신을 돕는 에너지로 사용될 수 있다.

불안은 다시 표현하면 미래의 삶을 안전하게 살고 싶은 소망이다. 불안한 사람들은 미리 계획해서 어려움 없이 살기를 원한다. 따라서 불안을 조절하기만 하면 미래의 삶을 멋지게 계획할 수 있다. 이들은 예측력이 있고 상상력이 풍부한 사람들이다. 불안감을 잘 조절하면 이런 재능을 긍정적으로 사용할 수 있다.

외로움을 많이 타는 사람들은 관계 지향석인 사람들이다. 여성들이 비교적 외로움을 잘 느끼는 이유는 남성들보다 더 관계 지향적이기 때문이다. 외로운 감정을 잘 조절하면 사람들과 아름다운 관계를 맺을 수 있고 풍성한 삶을 살 수 있다.

열등감은 자신을 업그레이드할 수 있는 원동력이 된다. 정신 의학자 알프레트 아들러(Alfred Adler)는 열등감은 모든 인간에게 있고 열등감을 추진력으로 해서 더 나은 삶을 살 수 있다고 역 설한다. 스스로 모자람이 없다고 생각하는 사람보다 부족하다고 느끼는 사람들이 더 노력하기 때문에 열등감은 잘 조절되면 발 전의 원동력이 될 수 있다.

화_나는 옳고 너는 틀렸다

나는 분명하게 말하는 성향을 가졌다. 이런 성향이 어떻게 만들어졌을까 생각해 본 적이 있다. 우리 어머니는 잔소리쟁이셨고 성실한 분이셨다. 자식들이 언제 어디를 가든 반드시 밥을 먹여서 보내곤 하셨다. 그리고 잠시도 가만히 있지 못하고 항상 무언가를 하셨다. 우리가 놀고 있으면 못마땅해 하셨다. 밖에 나갔다 들어와서 양말을 아무 곳에나 벗어 놓고 누워 있으면 못 견뎌 하셨다.

"너는 손이 없니? 발이 없니? 왜 양말을 꼭 거기다 놔 두니?"

"어머니, 좀 쉬고 나서 치울게요."

"지금 당장 해야지 왜 그걸 미뤄!"

나는 어렸을 때부터 어머니의 잔소리가 싫었다. 그래서 언젠가부터 분명하고 확실하게 말을 함으로써 더 이상 어머니가 나에게 잔소리를 하지 못하도록 만들었다. 그때부터 모든 것을 분명하게 말하는 습관이 생긴 것 같다.

많은 사람들이 내 강의를 들으면 "교수님 강의는 명쾌, 통쾌, 유쾌해요"라고 말한다. 그러면서 그들 나름대로 원인 분석을 한다. "수학을 전공했기 때문에 그런 것 같아요. 역시 수학을 전공한 사람은 다르다니까!" 한다. 나는 빙긋이 웃고 그러냐고 하고 만다. 내 생각은 다르다. 나는 내가 왜 분명하게 말하는지를 안다.

나는 어머니의 잔소리가 '싫다'고 했는데, 싫은 느낌은 화의 가장 약한 감정이다. 화의 사촌 감정들이 있다. 싫은 느낌, 미움, 분노, 억울, 원통, 원망, 증오 등이 그것이다.

화는 기본적으로 두 가지 메시지를 갖고 있다. 하나는 "나는 옳고 다른 사람이 잘못됐다"는 메시지다. 다른 하나는 "나는 다른 사람들을 바꿀 것이다"라는 메시지다. 화의 사촌 감정들 역시 "나는 옳고 너는 틀렸다"라는 메시지를 갖고 있다.

화가 나면 화난 대상에 대해 부정적 생각을 한다. 존재 자체가 꼴 보기 싫어진다. 그래서 화가 약하게 나면 그 모양을 보고 싶지 않지만, 화가 더 나면 바꾸고 싶어지고, 화가 아주 많이 나면 없애고 싶어진다.

나는 어머니의 잔소리가 싫었는데, 결국은 내 마음속에 화가 나 있었던 것이다. 그런데 약한 강도의 화였기 때문에 나는 내가 화난 줄도 몰랐다. 화가 난 나는 어떡하면 잔소리를 못하게 할까 궁리하다 '뭔가 분명하게 말해서 더 이상 나를 괴롭히지 못하게 해야 한다'고 생각했던 것 같다.

나는 "어머니, 내가 다 알아서 할 테니까 더 이상 말하지 마세요. 어머니 말을 더 들으면 내가 미칠 것 같아요"라고 해서 어머니로 하여금 더 이상 말을 하지 못하도록 했다.

어머니의 잔소리는 내가 교회에 다니기 시작했을 때 극에 달했다. 어머니는 독실한 불교 신자로 치성도 많이 드리셨다. 내가 교회를 다니기 시작하자 "한 집안에 두 종교가 있으면 집안이 망한다"며 참으로 잔소리를 많이 하셨다. 나는 이런 잔소리를 못하게 하려고 어머니에게 일부러 더 분명하게 말했다. "어머니, 제가 어머니 종교에 대해 한마디라도 한 적이 있나요? 제가 교회에 다닌다고 어머니더러 절에 가시지 말라고 한 적이 한 번이라도 있던가요? 그런데 어머니는 왜 저에게 교회 가지 말라고 하세요? 종교는 제 선택이에요. 아무리 어머니라도 제게 이 종교를 가져라, 가지지 마라 하실 권한은 없으세요"라고 했다. 내 나이 스무 살 때였다.

우리 어머니는 일제 강점기에 태어나서 6·25 전쟁을 겪었으며 급변하는 정권 교체기를 사셨다. 이렇게 국가적으로 힘든 시절이었는데 내가 태어난 지 3개월 만에 교사였던 아버지가 사고로 돌아가셨다. 평생 불안과 두려움이 어머니의 삶을 지배했다.

어머니는 의지할 대상이 필요했고 그 대상은 부처님이었다. 또 자식들이 잘못될까 봐 불안하고 두려운 나머지 우리들에게 쉬지 않고 잔소리를 하셨다. 지나친 잔소리에 화가 난 나는 어머니가 더 이상 잔소리를 할 수 없도록 했고, 이것이 나를 보호하는 방법이었다. 즉 어머니와 내 관계에서는 화가 나의 삶을 만들고 있었다. 그래서 나는 지금도 화가 나면 더욱 분명하게 말을 해서 상대방이 더 이상 말을 하지 못하도록 만드는 경향이 있다.

화가 나 있던 나는 많은 것을 놓치고 살았다. 화난 상태에서 분명하게 말하는 습관을 가진 나는 어느덧 부드럽고 따뜻하게 말하는 방법을 잊어버렸다. 정서적 대화를 하지 못하고 언제나 논리적으로만 대화를 하게 됐다.

내가 왜 수학을 전공하게 됐는지에 대해 생각한 적이 있다(정확히는 수학교육을 전공했다). 물론 처음에 수학을 전공으로 선택할 때는 현실적인 이유들이 작용했다. 수학을 전공하면 아무래도 쓸모가 많고 직업 선택에도 유리하다는 판단이 있었다. 그러나 이런 현실적 판단 이면에 오랫동안 분명하고 논리적으로 말하면서 살았기 때문에 나에게 수학이 맞는다고 생각했던 것 같다. 어머니의 잔소리에 화가 나서 논리적으로 대응하다가 그것이 편해서 전공까지 수학으로 선택하게 된 것이다. 그러나 내 속에서는 언제나 부드럽고 따뜻하게 말을 하는 사람을 그리워하고 있었다.

이분법의 함정

화난 사람들은 합리적이지 못하다. 화가 나면 자신이 옳다고 믿기 때문에 다른 사람들을 고치려 하고 다른 사람들의 단점을 보려 한다. 즉, 단점 중심의 인간관계를 하게 된다. 다른 사람들이 가진 장점, 그리고 왜 그렇게 행동할 수밖에 없었는지에 대해서는 눈에 들어오지 않는다.

화난 사람들은 다른 사람들의 단점이 보여야 안심이 된다. 단점이 보이지 않으면 자신이 틀린 게 돼서 불안하다. 그래서 화난 사람들은 자신보다 못한 사람들과 잘 지내는 경향이 있다. 자신보다 잘난 사람들은 왠지 완벽해 보이기 때문에 가까워지기 어렵다. 자신보다 못한 사람이란 덜 논리적이거나 덜 합리적이면서 동시에 감정적인 사람이다.

이런 감정적인 사람들은 처음엔 논리적으로 말하는 사람을 좋아한다. 왜냐하면 자신에게 부족한 점을 상대방이 갖고 있기 때문이다. 화가 났음에도 논리적으로 말하는 사람을 보면 감탄하게 되고, 이는 논리로 화를 풀려고 하는 사람에게 뿌듯한 느낌을 준다. 자신이 인정받고 있다는 생각이 들게 한다. 이렇게 해서 두 사람은 사랑에 빠지게 된다.

그런데 결혼하면 이야기가 달라진다. 감정적인 사람들은 자신의 감정을 공감받고 싶어 한다. 그런데 논리적인 사람들은 감정을 공감하기보다 잘못을 지적하려는 경향을 갖는다. 그래서 감정적인 사람들에게 잔소리쟁이가 된다. 자기가 그토록 싫어하던 사람과 똑같이 하고 있는 것이다. 반면 감정적인 사람들은 자신의 감정에 공감해 주지 않고 잔소리를 하면 화를 내거나 감정이 섞인 말을 한다. 이러면 논리적인 사람들은 아주 싫어한다. 상대방이 말도 안 되는 얘기를 하고 있다고 생각하기 때문이다.

인간은 모순적 존재다. 이 상황에선 이렇게 살고 저 상황에선 저렇게 사는 존재다. 모순을 논리로만 해결하려 하면 많은 문제에 직면한다. 풀어도 풀어도 끝이 없는 늪에 빠진 상태가 된다.

인간이라는 모순적 존재를 품기 위해서는 안정된 정서가 필수적이다. 안정된 정서란 편안하고 자신감 있는 상태를 말한다. 이런 정서를 가진 사람들은 자기와 남의 부족한 부분, 약점을 품을 수 있다. 갈등 상황이 발생하거나 모순이 있더라도 이를 꼭 해결하려 하지 않고 품을 수 있는 능력을 가진다.

대표적인 경우가 부모의 사랑이다. 부모는 자녀들이 무수한 모순을 가짐에도 불구하고 이를 받아들이고 수용한다. 이런 수용을 토대로 해서 아이들은 점차 자신의 일관성을 발전시켜 나간다. 인간이 가지는 일관성은 모순을 수용하는 사랑의 행위 없이는 불가능하다. 다시 말해, 인간의 일관성은 모순이라는 근거 위에 서 있는 것이다.

그런데 정서적으로 취약한 사람들은 모순을 견디기 어렵다. 화가 난 사람들은 자신이 옳다는 사실을 증명하기 위해 많은 논리를 개발한다. 그러나 이런 현상 자체가 이미 모순적이다. 화라는 부정적 감정을 토대로 해서 발전시킨 논리이기 때문에 한계를 가질 수밖에 없다. 그러나 화난 사람들은 이런 현상을 인식하지 못한다. 왜냐하면 화는 인식을 제한하는 역할을 하기 때문이다.

나는 상담하면서 많은 내담자들이 이런 모순에 빠져 있음을 봤다. K도 그런 사람이었다. 어린 시절 부모가 부당하게 자신을 억압했다고 생각했고, 그로 인한 억울함과 원망을 많이 갖고 있었다. 그는 부모의 잘못을 되풀이하지 않기 위해 가정에서 많은 노력을 하고 살았다. 자신의 부모처럼 감정적으로 반응하지 않았고 논리적, 합리적으로 살았다. 그러나 아내는 자신만 보면 냉정하다고 화를 냈고, 아이들은 아버지 때문에 숨이 막힌다며 아버지가 없었으면 좋겠다는 말을 쏟아 냈다. 그는 아이들이 자신에게 감정적으로 대드는 것을 보면서 몹시 혼란스러워했다.

"나는 억울해요. 우리 아버지는 몹시 화를 내는 사람이었고 나에게 부당한 행동을 많이 했어요. 그래서 나는 아이들이나 가까운 사람들에게 절대로 아버지처럼 하지 않겠다고 얼마나 다짐했는지 몰라요. 그런데 식구들은 나 때문에 괴롭다고 하네요."

K는 자신이 왜 이런 상황에 처했는지 도대체 이해하지 못했다. 그는 화가 나거나 부정적 감정이 밀려들면 이를 표현하지 않기 위해 무던히도 노력하고 살았다. 아버지같이 화를 내서 다른 사람에게 피해를 주지 않으려는 마음이었다.

자신의 감정을 통제하고 억압해서 마치 감정이 없는 것처럼 산 K는 화가 날 때도 논리적으로 말했다. 그의 말은 언제나 일관성 있고 믿을 만했으나 그 말 속에는 감정이 없었다. K씨의 아이들은 합리적인 세계에서 살았지만 재미도 없고 열정도 없으며 따뜻함이 없는 세상에서 양육됐다. 아버지로부터 안정된 정서를 경험하시 못한 아이들은 조그마한 자극에도 쉽게 흥분하고 화를 냈다. 친구들과의 관계가 힘들어지고 결국 학교에도 적응하지 못했다.

정서적으로 취약한 상태에서 논리적이려고만 하면 인식의 폭이 좁아져 부분적 인식을 할 수밖에 없다. 내담자 K는 합리성, 논리성에 치우친 나머지 인간의 본질적 부분인 정서적 관계를 간과한 삶을 살았다. 화를 내는 아버지는 틀렸고, 합리적으로 얘기하는 자신이 옳다는 이분법적 논리에 빠진 나머지 다른 현상들을 지각하지 못하는 잘못을 범한 것이다. 이것이 바로 화라는 감정이 만들어 내는 편협하고 경직된 세계다.

어렸을 때 자기 잘못보다 더 크게 야단을 맞으면 아이 입장에서는 화가 난다. 잘못한 건 인정해도 부모님이 너무하신다고 생각한다. 부모에게 부당하게 혼난 경험이 많은 사람들은 자녀가 말을 듣지 않으면 불같이 화를 낸다. 아이들에게 "부모 말을 잘 들어야 한다"는 당연한 세상을 강요하면서. 자신은 억울해도 대꾸를 못했는데 자녀가 반항하니 화가 나는 것이다. 돈 못 버는 아버지 때문에 고생하는 엄마를 보고 자란 딸들은 "남자는 돈을 잘 벌어야 한다"는 확신을 가진다. 그래서 남편이 생활비를 제대로 못 주면 "제 식구 밥도 못 벌어 먹이는 못난 남자" 운운하며 남편에게 분노한다. 음식 솜씨도 좋고 깔끔한 어머니 밑에서 자란 아들은 음식 못하는 아내에게 화를 내며 "여자는 요리를 잘해야 한다. 요리를 못하니 넌 여자도 아니다"라는 논리를 들이댄다.

이들의 논리에는 화가 잔뜩 묻어 있다. 상대방이 틀렸고 그러니 내가 화를 내는 것은 당연하다는 것이다. 상대방의 어떤 설명도 변명으로만 들린다. 그래서 대화가 단절되거나 관계가 어려워지는 경우가 종종 발생한다.

'내가 옳다'는 생각은 '당연한 세상'을 만들어 낸다. 당연한 세상이란 '~라면 당연히 ~해야 한다'는 생각이다. 학생이라면 당연히 공부를 열심히 해야지, 여자라면 당연히 얌전해야지 등등.

그런데 이 당연함의 기준은 사람마다 다를 수 있다. 하지만 화가 난 사람들은 자신의 기준만 맞는다고 고집한다. 다른 사람들은 다르게 생각할 수 있다는 것을 잘 인지하지 못한다.

억울함 – 슬픔과 화가 공존하는 상태

화가 나는데 오랫동안 표현하지 못하는 환경에 있게 되면 억울한 감정이 생긴다. 억울함이란 슬픔과 화가 공존하는 상태다.

화는 자신이 원하는 것을 당장 현실에서 실현하려는 감정이다. 슬픔은 자신이 원하는 것을 현실에서 이룰 수 없다고 생각할 때 생기는 감정이다. 이 둘은 서로 모순적이다. 하나는 당장 현실화하려 하고 다른 하나는 현실화할 수 없다고 한다. 이런 모순을 가지고 있기 때문에 억울한 사람들은 우울 감정을 갖는다.

중년 부인 M은 울면서 나를 찾아왔다. 시어머니와의 관계가 너무 힘들다고 호소했다. 시어머니에게 화가 많이 나는데 어떻게 표현해야 할지 모르겠다고 했다. 남편에게 얘기를 해 보지만 들은 척도 안 한다고 했다.

시어머니는 시도 때도 없이 전화해선 마치 상사가 부하 직원 다루듯 야단치고 명령했다. 설거지를 하다가도 전화를 받으면 끊지 못하고 몇십 분씩 훈계를 들어야 했다. 당신이 하고 싶은 얘기를 다 하고 나선 "너, 내 말 잘 알아들었지? 그러니 앞으로는 그렇게 실수하지 말고 꼭 내가 시키는 대로 해라!" 하며 전화를 끊었다.

M은 시어머니와 통화하고 나면 화가 나고 비참해서 아무것도 하지 못하고 한참을 주저앉아 있다고 했다. 통곡할 때도 있다고 했다. M은 "시어머니는 매번 야단치는데 내가 뭘 그렇게 잘못했는지 정말 알 수가 없어요. 왜 시어머니는 나만 갖고 그러는지 모르겠어요. 둘째와 셋째 며느리도 있는데 나한테만 그러세요. 정말 화가 나요. 그런데 아무도 제 이런 맘을 알지 못해요. 남편에게 이런 마음을 이야기하면 화만 내요. 시어머니가 제발 아무때나 전화해서 야단치고 불쑥 집에 찾아오지 않았으면 좋겠어요"라고 억울해 했다.

M의 호소는 두 가지로 요약된다. 하나는 화나는 감정이고 다른 하나는 슬픈 감정이다. M은 시어머니가 다른 며느리들에게는 안 그러면서 자신만 야단치고 집에 연락도 없이 찾아오는 게

화나고 싶다고 한다. 전화로 이래라저래라 하는 것도 괴롭다. 하지만 화나는 마음을 시어머니에게 직접적으로 표현하진 못한다. 남편에게 이런 말을 하면 들은 척도 안 하고 도리어 화를 낸다. 이런 남편이 밉다. 시어머니도 밉다.

다른 하나는 슬픈 감정이다. 화가 나는 자신을 아무도 알아주지 않는다. 남편에게 화를 내도 받아 주지 않는다. 화난 것을 표현할 곳이 없어 마음속에 자꾸 쌓인다. 화가 쌓이면서 자신이 불쌍해 보이고 그래서 슬프다. M은 자꾸 눈물이 난다. M의 감정은 화가 잔뜩 나 있는 슬픔, 즉 억울함이다.

억울한 사람들은 의존적이다. 그래서 원망을 많이 한다. 원망이란 화 속에 담긴 소망이다. 억울한 사람들은 자신이 원하는 것을 현실에서 실현하지 못해 우울한 상태에 빠진다. 그러곤 자신이 원하는 것을 스스로 실현하기보다 다른 사람이 해 주길 바란다. 그래서 누군가를 찾아가 호소한다.

내담자 중에 결혼한 지 5년 된 부인 E가 있었다. 남편이 말을 하지 못하게 해서 힘들다고 호소했다. 자신이 말을 하려고 하면 "조용히 해! 당신은 입만 열면 불평이잖아!" 하면서 아예 말을 꺼내지도 못하게 한다고 했다. 이럴 때마다 화가 나는데 남편이 헤어지자고 할까 봐 무서워 화도 내지 못한다고 했다. 그러곤 다음 날 남편이 출근하면 우울하고 슬퍼서 많이 운다고 했다.

나는 부인 E에게 무엇을 해결하고 싶은지 물었다. E는 이런 상황에서 벗어나고 싶다고 했다. 그러곤 시어머니 이야기를 했다. 시어머니가 자신에게는 말할 틈도 주지 않고 혼자 이야기하다가 자신의 생각이 맞는지 확인하려고만 한다고 불평하면서 억울하다고 했다. 그래서 나는 시어머니 이야기를 하면서 나에게 무엇을 도움받고 싶은지 물었다. 그러자 같은 대답이 돌아왔다. 이런 상황에서 벗어나고 싶다고 했다.

그러더니 이번에는 친정 부모에 대해 불평하기 시작했다. 부모님이 오빠만 예뻐해서 자신은 찬밥 신세였다고 했다. 어렸을 때부터 부모님이 자기더러 오빠 뒷바라지를 하도록 요구했는데, 시키는 대로 하면 사랑받을 줄 알았는데 부모님은 늘 요구만 했지 사랑을 주지는 않았다고 했다.

나는 다시 같은 질문을 했다. 지금 부모님 이야기를 하며 나에게 어떤 도움을 받고 싶은지 물었더니, 억울하다고 했다. 자신이 얼마나 차별받고 살았는지 울면서 호소했다. 나는 억울한 마음을 충분히 공감해 주고 달래 줬다.

E는 아주 의존적인 사람이었다. 자신이 당한 억울함에서 누군가가 건져 주기만을 바라고 있었다. 그래서 호소만 할 뿐이다. 의존적인 사람들은 문제를 늘어놓기만 한다. 그러면 누군가 자신을 그러한 억울함에서 건져 줄 것이라고 생각한다. 자신이 뭘

해야 하는지, 왜 이렇게 억울한 감정이 드는지 생각하지 않는다. 눈이 자신이 아닌 외부로만 향해 있다. 누군가는 자신을 억울하게 만든 사람이고, 또 누군가는 자신을 이런 억울함에서 해방시켜 줄 사람이다.

억울한 사람들은 피해 의식을 가지고 산다. 하지만 진짜로 억울함을 해소하고 싶다면 자신의 상황을 다른 눈으로 볼 수 있어야 한다. 상대방이 왜 그러는지 생각을 해 보라는 이야기다. 상대방에게도 자기 나름의 이유가 있을 것이다. 이것을 알아보고 내가 고쳐야 할 점이 있으면 고치고 상대방에게도 고칠 점을 요청해야 한다. 물론 상대방에게 요청할 때는 신중해야 한다. 손윗사람에게는 더더욱 그렇다.

다른 사람의 잘못을 바로잡기 위해 필요한 조건으로 성경에서는 두 가지를 들고 있다. 하나는 자신의 영적 상태고 다른 하나는 온유한 태도다.

영적 상태란 왜 그것을 바로잡으려 하는지 자신에게 깊이 묻는 동기의 성찰을 의미한다. 자신의 동기가 어디에 있는지, 그리고 궁극적 목적이 무엇인지를 성찰해 볼 것을 요구한다. 부인이 시어머니와의 관계에서 원하는 것이 자신이 편한 세상인지, 가족이 편한 세상인지, 무엇을 위한 것이냐를 물어보라는 말이다.

두 번째는 마음이 평안하고 온유한 상태여야 한다는 것이다. 그래야 상황 판단을 제대로 할 수 있고 한쪽으로 치우치지 않는다. 억울함을 느끼는 사람들은 자신들만 옳다고 생각하기 때문에 상대방의 입장이나 상황을 제대로 헤아리지 못하는 경우가 많다. 그래서 자신만 옳고 상대방은 잘못이라는 이분법의 함정에 빠질 수 있다.

다른 사람의 잘못을 바로잡으려면 마음을 가라앉힌 평온한 상태에서 상황 판단을 해야 한다. 그것도 나를 위해서가 아니라 상대방을 위하는 마음으로 얘기해야 잘못을 바로잡을 수 있다. 그러지 않으면 반발만 키우게 된다.

불안–안 좋은 일이 일어날까 봐 걱정돼

앞에서도 얘기했지만 인간은 태어나면서부터 불안을 갖는다. 불안은 엄마(양육자)의 따뜻한 돌봄을 받으면 누그러지지만, 그러지 못하면 더욱 증폭된다. 특히 엄마 아빠의 싸움은 아이의 불안을 증폭시키는 중요한 행동 중 하나다.

불안이 증폭된 아이들은 불안을 일으키는 요인에 민감해진다. 그래서 같은 상황을 보더라도 밝은 면보다 어두운 면에 초점을 맞춘다. 대인 관계를 할 때도 사람들의 어두운 면에 먼저 반응하고, 이를 토대로 인간관계를 한다.

예를 들어, 화를 잘 내는 사람을 만나면 이들이 화를 내지 않는 경우에도 공격성이 있다고 상정하고 경계한다. 상대방의 공격성이 언제 나올지 모른다고 생각하기 때문에 긴장된 마음으로 관계를 맺는다. 그리고 이런 경직된 태도가 상대방을 자극해, 결국 우려하던 일을 발생시키는 경우가 많다.

반면, 불안이 적은 사람은 동일하게 화를 내는 사람에 대해 에너지가 많은 사람, 열정이 많은 사람이라고 좋게 생각한다. 사실 화는 두 가지 측면이 모두 있다. 어느 측면을 보느냐의 문제다. 불안한 사람들은 같은 것을 보고도 어두운 데 초점을 맞춘다는 얘기다.

인간은 태어나면서부터 불안에 대처하기 위한 다양한 방법들을 개발해 왔다. 억압, 회피 등과 같은 방어 기제들이다.

예를 들어, 억압이라는 방어 기제는 부정적 감정이 올라오면 이를 피하기 위해 자신도 모르게 무의식 속에 밀어 넣는 심리적 장치다. 엄마에게 화가 난 아이는 화난 감정이 엄마와 자기와의 관계에 위험하다고 느끼고(불안, 두려움) 지체 없이 무의식 속으로 밀어 넣는다. 그러곤 마치 화가 나지 않은 것처럼 행동한다. 이렇게 함으로써 아이는 엄마와의 관계를 안전하게 유지한다.

심리 내적으로 일어나는 방어 기제 외에 불안에 대처하기 위한 다른 방식은 '역할 수행하기'다. 인간은 불안해지면 살아남기 위해 일정한 역할을 수행하려고 한다. 역할을 수행함으로써 가족이나 사회의 필요한 사람이 될 수 있기 때문이다. 이 역할에는 두 가지 방향이 있다. '가족 내에서 역할 하기'는 가족에게 문제가 발생하면 적극적으로 뛰어들어서 문제를 해결하는 것이다. 이런 역할을 하는 사람을 '구원자'라고 한다. 다른 하나는 가족 내에서 문제가 발생하면 이를 피하기 위해 가족 밖으로 나가는데, 곧 '일중독 현상'이다.

불안이 만들어 내는 세 종류의 사람

① 구원자: 갈등은 모두 내가 해결해야 돼!

구원자는 가족의 문제를 해결하기 위해서 기꺼이 뛰어드는 사람들이다. 이들은 문제가 생기거나 생길 것 같으면 불안해하고 가만있지 못한다. 불안을 막기 위해 무언가를 하려고 한다.

부부 불화로 상담을 받으러 온 B. 본인은 남편과의 관계가 불편해질까 봐 문제가 있어도 싫은 내색 한 번 안 하고 참고 살았는데, 어느 날 남편이 자신을 싫어한다는 걸 알게 됐다고 했다. 남편뿐만이 아니었다. 지극정성으로 키운 아이들은 사춘기가 되자 엄마와 말도 하지 않았다. 모든 것을 참으며 헌신적으로 살아왔는데 왜 이런 일이 생겼는지 모르겠다며 B는 배신감과 억울함을 토로했다.

B는 부모가 자주 싸우는 가정에서 성장했다. 그녀가 생생히 기억하는 날이 있었다.

"여섯 살 때였어요. 방에서 동생이랑 놀고 있는데 갑자기 거실에서 큰 소리가 났어요. 아빠가 무슨 잘못을 했는지 엄마가 아빠에게 따지듯 말했고, 참지 못한 아빠가 고함을 질렀어요. 그 순간 나와 동생은 너무 무서워서 얼어붙는 듯했어요. 동생은 큰 소리로 울기 시작했죠. 나는 거실로 뛰어나가서 엄마 아빠를 말리려고 했어요. 엄마와 아빠 사이에 서서 한 번은 엄마를 보고 한 번은 아빠를 보면서 '엄마 왜 그래? 아빠 왜 그래?'라고 했어요. 그러자 아빠가 '에이!' 하면서 방으로 들어가셨어요. 나는 엄마에게 무섭다고 안아 달라 했는데 엄마는 나를 밀쳐 냈어요. 그때 내가 무엇을 잘못한 것 같은 마음이 들었어요. 그 뒤로 엄마와 아빠가 싸우지 않도록 말리면서 살아왔어요."

B는 부모의 잦은 싸움이 주는 두려움으로 인해 구원자 행동을 하는 사람이 됐다. 엄마와 아빠가 싸울까 봐 두려운 나머지 부모 일에 지나치게 개입하곤 했다. 이게 습관이 된 B씨는 결혼후 남편과 아이들의 일거수일투족까지 자세히 알려고 했다.

남편은 이런 B를 마음에서부터 밀어내고 있었다. 아이들은 엄마에게 심하게 반항했고, 학교에서는 부적응 학생이 돼 있었다. B는 자신이 남편과 아이들의 자율성을 침해하고 독립성을 저해하고 있다는 사실을 인식하지 못했다.

구원자는 행동으로만 보면 이타적인 사람처럼 보이지만 사실은 대단히 자기중심적이다. 구원자들의 이타적 행동은 불안과 두려움에 근거를 두고 있다. 이들은 상대방의 괜찮다는 말을 액면 그대로 받아들이지 않는 경향이 있다. '괜찮지 않은데 말로만 그러는 거야'라고 생각한다. 사람들의 행동에 대해 짐작하고 자신의 생각이 맞는다는 확신을 가진다. 그러곤 자신의 짐작대로 일을 처리해 상대방을 짜증나게 하거나 화나게 한다.

예를 들어 보자. 회장 선거에 떨어진 아들. 속상할 것이 틀림없다고 짐작하며 아들에게 이것저것을 권한다.

"선거에서 떨어져서 속상하지? 친구들 데리고 와. 엄마가 맛있는 거 해 줄 테니."

"괜찮아요. 그냥 TV 볼래요."

"속상할 때는 친구들하고 맛있는 거 먹는 게 최고야. 얼른 친구들한테 연락해서 오라고 해."

"괜찮아요. 그냥 TV 보고 쉴래요."

"아니야. 우울할 때는 혼자 있는 게 좋지 않아. 엄마가 너희들 좋아하는 갈비 해 줄게. 우리 아들 기분 풀어 주려고 엄마가 인심 쓴다."

"싫다잖아요. 그냥 나 좀 놔둬요."

아이가 화를 내거나 짜증을 내면 속이 상해 날카로워진 것이라 짐작하며 이때부터 더욱 챙겨 준다. 이러면 아이들은 딜레마에 빠진다. 분명 자신은 괜찮은데 엄마가 자꾸 아니라고 하니까 자기감정에 대한 확신이 없어지는 것이다. 그렇다고 엄마에게 화를 내기도 어렵다. 나를 위해서 그러는 건데 엄마에게 화를 내는 것은 잘못이라는 생각이 들기 때문이다.

그래서 아이들은 화가 나고 짜증이 나도 말을 제대로 할 수 없다. 감정을 제대로 소화할 수 없는 상태에서 살게 되는 것이다. 이런 상태가 지속되면 정서적으로 불안정해져서 반항하거나 지나치게 순종하는 정체성 없는 사람이 된다.

구원자들은 갈등이 없는 세상을 꿈꾼다. 그런데 이 생각 자체에 문제가 있다. 이 세상에는 언제나 문제가 있고 문제 중에는 인간의 힘으로 해결하기 어려운 것들이 있다. 그러나 구원자들은 문제를 그냥 놔두면 잘못된 일이 일어날 것 같은 불안감에 어떻게든 해결하려고 한다. 그러다가 종종 해결할 수 없는 일을 해결하려 함으로써 더 큰 문제를 만들어 낸다. 하지만 이들은 자신이 문제를 만들어 내고 있다는 사실조차 인식하지 못한다. 자기 때문에 문제가 발생하면 늘 의도를 말한다.

"나는 그런 의도로 한 게 아니었는데. 왜 그렇게 됐는지 모르겠어요."

이렇게 말하면서 문제를 외재화한다. 외재화란 자신 밖에 문제가 있다고 보는 생각을 말한다. 구원자들은 자신에게 문제가 있다는 것을 받아들일 수 없기 때문이다.

② 일중독자: 불안이 싫어 일로 회피

불안에 대처하는 또 다른 방법 중 하나가 일중독 현상이다. 사실 모든 중독자들은 마음속에 불안과 두려움을 갖고 있는데, 이 감정을 직면하지 못하고 일로 회피하는 사람들이 있다.

많은 사람들이 불안해지면 머리를 흔들면서 "별일 아닐 거야"라고 혼잣말을 하는데 이것도 회피의 일종이다. 물론 가벼운 불안인 경우에는 이렇게 해결할 수 있다. 그러나 불안이 커지면 지속적으로 회피할 수 있는 방법이 필요하다. 이럴 때 일은 아주 좋은 도피 수단이 된다.

일은 사람과 달라서 대들거나 화내지 않는다. 일 속에 파묻혀 있으면 아무도 자신에게 뭐라고 하는 사람이 없다. 한편으로 일을 하면서 다른 사람들에게 인정과 칭찬을 받기 때문에 성취감도 느낄 수 있다.

Y는 아내에 의해서 강제로 상담을 받으러 온 30대 중반의

회사원이었다. 아내가 이혼하겠다고 협박하는 바람에 어쩔 수 없이 상담에 왔다고 했다. 아내는 남편이 일에 빠져서 집안을 돌보지 않을 뿐 아니라 자신과 관계를 하지 않으려 한다고 했다.

이 부부의 역사를 조사해 봤다. 부부 갈등이 발생할 때 대처하는 방법을 봤는데 부인은 끝까지 문제를 해결하려는 구원자 경향을 가진 사람이었고, 남편은 회피하는 사람이었다.

Y는 상담 중에 부인이 무섭다며, 갈등이 생기면 어쩔 줄 모르겠다고 고백했다. 그럴 때 아무 생각 없이 일을 하면 마음이 편하다고 했다. 부인은 이 말을 듣고 남편이 자신을 무서워하는지 몰랐다며 놀라워했다. 부부 갈등이 생기면 남자들은 일중독의 경향을 보인다.

일중독자들은 넓은 문으로 들어가는 사람들이다. 문제를 해결하는 어려운 길로 가기보다는 일단 쉬운 해결책을 찾고 보는 것이다. 하지만 진정으로 불안을 해결하고 싶다면 왜 이렇게 불안한지 나의 내면을 들여다봐야 한다. 그러려면 용기가 필요하다. 때로는 자신이 무능하다는 뼈아픈 고백도 필요하고, 자신이 어떻게 할 수 없다는 사실을 인정해야만 하기도 한다.

그러나 일중독자들은 이런 좁은 문으로 들어가지 않는다. 당장에 불안을 느끼지 않는 그 무엇이 필요하기 때문에 불안을 일시적으로 해결하기 위한 방법으로 일을 선택한다.

넓은 문으로 들어가면 처음에는 쉬워 보이나 나중에는 훨씬 더 어려운 길을 가야 한다. 쉽게 쉽게 넘어가려다가 결국 가장 중요한 자신을 도둑맞음으로써 실패한 인생을 살게 된다.

③ 주변인 증상: 사람과의 관계는 불편해!

구원자나 일중독자 모두 주변인 증상을 가진 사람들이다. 일중독자들은 일이 아닌 사람들 속으로 들어가면 불편해져 주변을 서성거리게 된다. 일에 관한 대화 외에 개인적인 생각이나 느낌에 관한 대화를 잘 못한다.

구원자들은 늘 문제 주변에 있는 사람들이다. 문제를 통해 사람들과 관계를 맺으면서 자신의 존재감을 느낀다. 이들은 문제가 있는 사람들을 대상으로 살기 때문에 문제가 없는 사람들과는 관계를 잘 못한다. 문제가 없는 사람들에겐 본인의 역할이 필요 없기 때문에 존재감을 느낄 수 없다. 그런 사람들 앞에서는 위축되고 주변을 서성거리는 느낌을 갖는다.

인간은 누구나 다른 사람으로부터 인정받고, 중심에 서고 싶은 욕구가 있다. 인간의 자기애적 경향이다. 구원자나 일중독자들은 모두 자기애적 욕구가 좌절된 삶을 살아가는 사람들이다.

자기애적 욕구가 충족되지 않으면 주변인 또는 이방인 같다는 느낌을 갖게 된다. 마치 환영을 기대하고 새로운 모임에 나갔는데 아무도 주목하지 않을 때처럼 말이다. 이런 상황에서는 모임에 잘못 온 것 같은 부적절감과 어색함을 느끼면서 어정쩡하게 행동하게 된다. 구원자나 일중독자들은 이런 느낌을 많이 가지고 있는 사람들이다. 낯설고 어색한 느낌을 없애려고 문제 해결이나 일을 통해서 자신의 존재를 증명하려고 하는 것이다.

외로움 – 아무도 날 좋아하지 않을 거야

인간은 서로 의지하며 마음을 나누고 살아가는 존재다. 기쁨과 슬픔, 두려운 마음을 나눌 수 있을 때 친밀함과 소속감을 느낀다. 그러지 못하면 외롭다. 외로움을 자주 느끼면 사람들은 자신에 대해 부정적 생각을 갖는다. 자신은 별 볼 일 없는 사람이고 아무도 자신을 좋아하지 않을 거라고 생각한다.

부모에 의해 오랜 시간 방치된 아이들은 아무도 자신을 좋아하지 않을 거라는 생각이 뿌리 깊게 자리 잡아, 자신을 좋아하는 사람이 나타나도 의도를 의심한다. 잘해 주는 행동은 표면적일 뿐 속으로는 자신을 싫어하고 있다는 신념에 가까운 생각을 가진다. 그래서 누군가 자신을 좋아하면 그걸 증명해 주길 바란다. 항상 자신을 일순위에 놓고 무슨 요구를 해도 들어 주길 바란다. 그래서 집착하거나 우울한 사람이 된다.

집착하는 사람들은 상대방을 자신이 원하는 대로 바꾸려 한다. 소유욕이 많은 사람들로 자신이 원하는 것은 반드시 가지려고 한다. 이런 사람들에게 외로움이 더해지면 편집증적인 경향을 갖게 돼 사람들을 의심하고 불신하게 된다. 관심을 보였던 사람이 떠나려는 행동을 취하면 견디기 어려워한다. 그러면 자신이 아무도 사랑해 주지 않는 별 볼 일 없는 사람임을 확인하게 될 것이기 때문이다. 이런 감정을 만나기 싫기 때문에 불안한 마음을 가지고 산다. 그래서 불안을 피하기 위해 상대방에게 집착한다.

우울은 자신이 원하는 것을 환상 속에서 구하는 감정이다. 집착하는 사람들이 행동적인 반면, 우울한 사람들은 많은 생각을 한다. 꼬리에 꼬리를 물며 생각하고, 생각 속에 갇혀서 결국 무엇이 실체인지 모르는 상태로 삶을 살게 된다.

좋아하는 사람이 생기면 그 사람과 환상적인 삶을 살고 싶어 한다. 그래서 자신의 환상 속으로 상대방을 초대함으로써 꿈을 이루려고 한다. 그런데 상대방이 환상 속으로 들어오지 않거나 들어왔다 하더라도 자신이 원하는 방식이 아니면 크게 좌절한다. 상대방에게 묻거나 확인도 하지 않은 채 혼자 생각으로 좌절한다.

　이들은 나눔이 서툰 사람들이다. 현실적 나눔이 아닌 환상적 나눔을 하려고 하기 때문에 현실 세계에서는 언제나 좌절한다. 결국 우울에 빠지고 '사람들은 나를 안 좋아해' 같은, 자신에 대한 부정적 생각으로 결론 맺는다.

　남편과 갈등을 겪는 부인의 얘기다. 두 사람은 결혼 직후부터 밥을 먹을 때마다 국 때문에 다퉜다. 부인이 최선을 다해서 끓인 국을 남편이 남기는 것이 문제였다. 부인은 자기를 좋아하지 않아서 국을 다 먹지 않는 것이라고 생각해 화를 냈고, 남편은 부인이 별일도 아닌 일에 화를 낸다며 화를 냈다.

　부인은 자신이 끓인 국이 맛있길 기대했고, 남편이 국을 다 먹으면 그 기대감이 채워졌다. 그런데 남편이 국을 다 먹지 않으면 맛이 없나 보다 싶어 괴로웠다. 자신의 존재까지 부정되는 것 같아 기분이 몹시 가라앉았다. 나는 남편에게 국이 맛있느냐고 물었고, 남편은 그렇다고 했다. 부인에게 물었다.

　"당신은 남편이 왜 멸치와 무를 남기는지 알고 있습니까? 왜 그런지 남편에게 물어본 적이 있습니까?"

　부인은 갑자기 멍한 듯 나를 쳐다봤다. 부인은 잠시 후 한 번도 그런 걸 물어본 적이 없다고 했다. 나는 남편에게 물었다.

　"국을 먹으며 멸치와 무를 남기는 이유가 있습니까?"

"멸치는 비린내가 나서 싫습니다. 저희 어머니는 국에다 멸치를 넣지 않았어요. 무는 좋아하지만 국 속에 들어간 무는 너무 물컹거려서 싫어요. 무는 씹는 맛으로 먹거든요."

"그럼 이런 얘기를 부인에게 한 적이 있나요?"

"두세 번 정도요."

나는 다시 부인에게 물었다.

"부인께서는 이 말을 들은 적이 있나요?"

"아니요. 처음 듣는 이야기인데요."

나는 부인이 멍해지는 것을 봤다. 부인은 자기 일에 최선을 다하는 사람이었다. 국을 끓이는 것도 그중 하나였다. 뭘 하든 최선을 다하니 남편과 아이들이 자신을 따르리라고 생각했다. 자신이 남편과 아이들을 통제하고 있다는 사실은 인식하지 못했다. 최선을 다하느라 바빠, 정작 가족이 무엇을 느끼는지 알아채지 못했다.

"남편이 하는 말이 어떻게 들리세요?"

"남편이 그런 이유로 멸치와 무를 남긴다고는 꿈에도 생각지 못했어요. 나를 좋아하지 않아서 그런 줄 알고 더 맛있게 국을 끓여야겠다고만 생각했네요."

"언제부터 이렇게 최선을 다하게 됐나요?"

"어렸을 때부터예요. 아버지는 내가 최선을 다하지 않는 걸 싫어했고 때로는 무섭게 화를 내셨어요. 어떤 땐 열심히 살지 않으면 아버지하고 못 산다고도 하셨어요."

부인은 아버지와의 일을 기억하면서 몹시 울었다. 아버지에게 버림받을 것 같은 두려움이 마음 한구석에 있었음을 알게 됐다. 최선을 다하지 않으면 아버지에게 인정받지 못하고 버림받을 거라는 두려움이었다.

이 두려움은 남편에게 투사됐다. 부인은 무의식적으로 남편이 국을 다 먹어야 자기를 버리지 않을 것이라 생각했다. 국을 다 먹고 안 먹고가 그렇게 중요했던 이유였다. 남편이 멸치와 무를 남기는 것이 부인에게는 "네가 맛없게 끓여서 국을 다 안 먹는 거야"라는 메시지였다. 부인은 최선을 다하지 못한 자신을 책망하며 국을 맛있게 끓이기 위해 최선을 다했다. 그런데 아무리 노력해도 남편이 국을 남기니 부인은 버려질 것 같은 두려움에 화가 났던 것이다.

이 부인도 진영처럼 타인의 인정을 통해 외로움을 달래 온 것이다. 남편이 국을 다 먹는 것이 사랑의 표시라고 생각했다. 그래서 그렇게 국에 목숨을 걸었던 것이다.

부모를 돌보며 살아가는 아이들

미성숙한 부모들은 아이들을 통해서 자신의 감정적 욕구를 충족하려 한다. 이런 현상을 '심리적 착취'라고 부른다. 부모의 사랑을 잃고 싶지 않은 아이들은 부모를 위해서 살아가는 존재가된다. 즉, 부모의 할 일을 대신 해 주는 역할 외에 부모의 기분을 맞춰 주는 정서적 위로자 역할까지 떠안게 된다. 이렇게 부모를 돌보면서 살아가는 아이들을 '부모화 아이'라고 한다.

부모화 아이들은 모두 감정 노예라고 할 수 있다. 부모의 기분이 수시로 바뀌기 때문에 안정된 마음을 갖기 어렵다. 늘 불안하고 그래서 눈치가 발달한다. 부모가 원하는 게 뭔지 알아야 혼이 나거나 버려지는 운명을 피할 수 있기 때문이다.

이들은 성인이 돼서도 다른 사람들의 기분을 맞춰야 할 것 같은 마음으로 산다. 남의 칭찬이나 인정에 목말라 있고 혼자 있으면 외로움을 많이 느끼기 때문에 사람들이 자기 곁을 떠나지 못하도록 붙잡아두려 한다. 물량 공세, 헌신하기, 애교 부리기, 마음에 없는 칭찬하기 등. 이런 행동에 진심이 없는 경우도 많다. 또, 다른 사람들이 자신의 기분을 건드리면 못 견뎌하면서 화를 내는 경향도 있다. 유아기적 욕구를 많이 가진다.

감정 노예로 살면 자신의 정체성을 유지하기 어렵다. 부모가 원하는 것을 해 주느라 정작 자신이 원하는 것은 하지 못한다. 그래서 부모화 아이들은 감정적으로 미숙한 '성인아이'의 특징을 많이 보인다. 성인아이란 겉은 어른인데 속은 아이인 사람을 지칭하는 말이다. 성인아이들은 어렸을 때부터 너무 참고 산 사람들이라서 쉽게 짜증을 내며 정서적으로 불안정하다. 자신의 부모와 같은 모습이 되는 것이다. 불안한 정서의 대물림이다.

G는 어렸을 때부터 부모의 싸움을 말리면서 살았다. 사이가 나빴던 엄마와 아빠는 한집에 살면서도 언제나 G씨를 통해서만 대화를 했다. 아빠가 밥을 먹고 싶으면 G를 부르고, G는 이를 엄마에게 전달했다. 엄마가 집안 대소사에 필요한 일을 G에게 얘기하면 G가 다시 아빠에게 전했다. G는 본인이 없으면 부모가 함

께 살 수 없을 것 같은 마음이 들었다.

G는 빨리 결혼하고 싶었다. 이런 상황을 피할 수 있는 방법은 결혼밖에 없었다. 그러나 막상 결혼하려니 자신이 너무 이기적이고 나쁜 사람 같은 생각이 들었다. 본인이 결혼해서 집을 나가면 엄마와 아빠가 헤어질 것 같은 마음이 들었기 때문이다. 결혼하고 싶으면서도 그러면 안 될 것 같아 이러지도 저러지도 못했고, 무기력감이 찾아오곤 했다. 남자친구와의 관계도 나빠졌다.

G는 어린 시절부터 줄곧 불안하고 두려운 마음으로 살았다. 부모님이 싸울 때마다 자신이 뭔가를 잘못했기 때문이라고 생각했다. 실제로 엄마는 아빠와 싸우고 나면 G를 많이 비난했다.

"엄마는 아빠하고 싸우고 나면 나를 욕했어요."

"엄마가 주로 뭐라고 하셨나요?"

"네가 애물단지야. 너 때문에 내가 네 아비와 엮여서 살게 됐다. 너만 아니었어도 네 아비랑 살지 않았을 텐데 네가 원수다. 꼴도 보기 싫다. 저년 저 하는 짓 좀 봐! 꼭 제 아비하고 닮았다니까. 아이고, 징그러워. 내가 저런 년을 낳았다니."

"어린 시절에 무엇을 잘못했는지 말해 줄 수 있나요?"

"글쎄요. 뭘 그렇게 잘못했는지 잘 모르겠어요. 단지 내가 뭘 많이 잘못했나 보다 했지요. 아! 아빠가 뭘 잘 빠뜨려서 출근하다 집에 돌아오는 경우가 많았는데, 저도 그랬어요. 그럴 때마다 엄마는 아빠하고 똑같다며 싸잡아서 비난하곤 했어요."

"준비물 빼먹은 거에 대해서 지금 어떻게 생각하나요? 그것이 잘못된 일인가요?"

"준비물은 엄마가 챙겨 주지 않으면 아이가 빼먹을 수도 있는 거죠. 엄마가 저한테 너무하셨던 거네요."

G는 이 말을 하고 난 뒤 억울하고 분한 마음에 한참 동안 엄마를 비난했다. 그러고는 마음이 좀 풀린다고 했다. 내가 물었다.

"G는 왜 엄마와 아빠를 책임지고 있나요?"

"네? 제가 엄마 아빠를 책임지고 있다고요? 아닌데……. 전 그냥 엄마 아빠가 싸우는 걸 말리고 싸움 안 나게 하려는 것뿐이에요."

"결혼을 미루는 이유가 부모님 때문 아닌가요?"

"그렇죠. 제가 결혼하면 부모님이 같이 못 사실 것 같으니까요. 아, 그러고 보니 제가 부모님을 책임지려고 했던 거군요."

그제야 G는 자신이 부모를 책임지고 살았던 애어른임을 알게 됐다. 이제 자신의 삶을 되찾아야겠다고 생각했다. 부모님은 부모님의 인생을 사는 것이고 그녀는 그녀의 인생을 살아야 한다는 생각에 이르렀다. 그녀는 부모를 책임지는 자식으로서가 아니라 온전한 딸로서 살겠노라고 선언했고, 시간이 지남에 따라 무기력감에서 빠져나올 수 있었다.

일중독자의 정체

부모의 방임 속에 자란 외로운 아이들은 적절한 안내를 받지 못한 채 뭐든 스스로 알아서 해야 한다. 그런데 아이들은 부모의 칭찬과 인정을 간절히 원하기 때문에 어떻게든 일을 잘 해내고 싶다. 그래서 재미있거나 자신에게 맞는 것을 하기보다 부모가 원하는 것을 하게 된다. 이런 상황은 일에 대한 압박감을 느끼게 한다.

예를 들어 책 10쪽을 요약하는 숙제가 있다고 하자. 이런 아이들은 내용을 얼마나 이해했느냐보다 부모에게 10쪽을 다 읽고 요약했다고 대답하는 게 중요하다. 숙제를 다 했다고 해야 인정받을 것이기 때문이다. 그래서 내용이 이해 안 되더라도 대충 글자를 옮겨 놓는 식으로 마무리한다. 이렇게 자라면 성인이 돼서도 일을 대충대충 형식적으로 마무리하는 경향이 생긴다.

한편으론 일에 중독되기도 한다. 부모의 인정을 받기 위해 모든 감정을 버리고 오직 공부만 하는 것이다. 이렇게 자라면 성인이 돼서 일중독자가 되기 쉽다. 이러면 일은 잘하게 된다. 그러나 대부분은 일에 영혼이나 영감을 불어넣지는 못한다. 주어진 일은 잘하지만 창의적인 일은 잘 못하는 경향이 생긴다.

일을 형식적으로 하는 사람이나 중독 경향이 있는 사람들은 부담감을 떨쳐버리는 방식으로 일을 하기 때문에 일을 즐길 줄 모르게 된다. 이런 사람들은 일에 치여서 살게 된다. 사람이 일을 지배하는 것이 아니라 일이 사람을 지배하는 형국이 되는 것이다. 따라서 일로 인해서 지치고 힘들게 산다. 일을 하지 않으면 자신의 존재를 인정받지 못한다고 생각하기 때문에 일과 자신을 동일시하는 경향이 있다. 다른 사람들이 자신의 일을 인정해 주지 않으면 절망감을 느끼거나 심지어는 살고 싶은 이유가 없다고 생각한다.

이렇게 일에 매달리는 사람들은 감정적으로 메말라진다. 외로운 감정을 누르면서 일만 하기 때문에 감정을 느낄 여유가 없어진다. 자신 내부의 목소리를 듣지 못하거나 들었다 하더라도 받아 줄 여유가 없는 삶을 살게 된다. 그러니 외로움과 공허감은 더 커지고 자신이 너무나 작게 느껴지는 존재적 수치심, 지나치게 통제를 하면서 살기 때문에 하나라도 빈틈이 생기면 무너질 것 같은 두려움 등등 여러 가지 심리적 문제를 안고 살게 된다.

이들은 자신의 일을 알아서 잘하기 때문에 독립적인 사람으로 보이지만, 정서적으로 볼 때는 오히려 의존적인 사람들이다. 의존할 사람이 없어 일에 매진하는 일중독의 경향을 보이거나, 조금만 좌절하는 상황이 와도 갑자기 무너지는 형태의 삶을 살게 된다.

많은 현대인들이 이런 상태를 경험한다. 사실 일중독이라는 말 자체가 일에 대한 의존이라는 뜻이기에 독립적인 사람이 아님을 시사한다. 이런 삶을 사는 사람들을 일컬어 '의사(pseudo) 독립성을 가진 사람'이라고 한다.

A는 연애 중이었는데, 데이트를 할수록 어려움을 겪게 돼서 상담을 받으러 왔다. 남자친구와의 관계가 깊어질수록 두렵다고 했다. 서로 깊은 감정을 교류할수록 자신이 무너질 것 같은 느낌이 든다고 했다.

A의 부모님은 두 분 다 목사였다. 부모님은 교회 일로 너무 바쁘셨고 A는 집에 혼자 있는 경우가 많았다. 어렸을 때부터 부모님은 A에게 "알아서 하라"는 말을 많이 했다.

"어려서부터 혼자 집에 있을 때가 많았어요. 초등학교 때 준비물을 챙기는 것부터 중고등학교 때 공부나 진학 결정도 혼자 알아서 했어요. 물어볼 사람이 없었어요. 친구들과 괴로운 일이 있을 때도, 공부가 힘들어도 혼자 해결해야 했어요."

남들은 어려서부터 뭐든 알아서 하는 A에게 어른스러운 아이라고 칭찬했다. A도 그런 줄 알았다. 하지만 남자친구와 감정적 관계를 맺는 데는 너무나 미숙한 자신을 발견하고 힘들어했다. 스스로 독립적인 사람인 줄 알았는데 일단 남자친구에게 의지하기 시작하니 의존적 욕구가 너무나 커서 남자가 이를 수용할 수 없는 정도였다. 모든 것을 알아서 하다가 도와주고 지지하는 사람이 생기자 의사 독립심의 둑이 무너지면서 숨겨져 있던 의존성이 그대로 드러나게 된 것이다.

연민으로 지배하는 유형

우울한 사람들은 자신이 비참하거나 형편없다는 느낌을 갖는다. 그리고 자신과 타인에게 많은 분노를 가지고 있다.

이렇게 부정적인 면만 가지면 살기 어렵기 때문에 우울한 사람들은 연민이라는 감정을 발달시킨다. 다른 사람들과의 관계에서 상대를 불쌍히 여기는 것이다. 연민이 전면에 등장하면 다른 부정적 감정들은 숨겨진다. 자신의 부정적인 모습을 감추기 위해 필요한 감정이 연민이다. 연민을 통해서 자신이 괜찮은 사람 같은 느낌이 생기는 것이다.

연민을 가진 사람들은 피해자와 가해자라는 이분법적 정신

구조를 갖는다. 연민은 피해자를 위로하는 감정이다. 대신 가해자나 강자를 향해서는 분노를 느낀다. 이들은 이런 분노가 정당하다고 믿는다. 그래서 강자에게는 거침없이 말하는 경우도 있다. 그러나 자신을 피해자로 여길 때는 자신을 한없이 불쌍히 여기면서 위로한다.

연민에 사로잡히면 환상적인 생각을 하게 된다. 피해자가 전혀 없는 세상, 모든 사람이 친절하고 배려가 많은 세상, 아픔이나 고통이 전혀 없는 세상을 꿈꾸게 된다. 연민을 유지하게 하는 생각은 곧 이런 환상들이다. 자신이 이런 세상에 잠깐씩 있는 것 같은 착각에 빠지기도 한다. 그런데 현실이 그렇지 않다고 느껴질 때마다 슬프다. 연민이 많은 사람들은 눈물을 잘 흘린다. 현실에 없는 환상적 세계를 살고 싶기 때문이다.

연민이 많은 사람들은 밝고 명랑한 사람들과는 관계를 잘 못한다. 이런 사람들과 있으면 자신이 못나 보이고 어색한 느낌이 든다. 왠지 자신의 약점이 드러날 것 같다.

대신 자신보다 불쌍해 보이는 사람들과는 관계를 잘한다. 불쌍한 사람들을 도와주는 대부 역을 자처한다. 때론 가해자들을 향해 대신 분노를 터뜨려 주기도 한다. 이런 관계를 '지배적 의존'이라고 한다. 다른 사람들과의 관계에서 상위에 있으면서 의존적인 사람(연민이 많은 사람)을 '지배적 의존 관계에 있다'고 한다. 반면, 다른 사람들과의 관계에서 하위에 있으면서 의존적인 사람(약자)을 '종속적 의존'이라고 한다.

연민이 많은 사람들은 강자와 관계를 할 때 자신은 피해자라는 점을 부각한다. 강자와의 관계에서 자신이 무엇을 잘못했는지에 대해서는 생각하지 않는 경향이 있다. 강자가 무엇을 잘못했는지만 생각한다. 강자는 모두 타도의 대상이 된다. 연민이 많은 사람들은 도덕적 우위를 통해 강자를 지배하려 한다. 기천이 힘이 센 아버지와 형보다 우위를 점할 수 있었던 것처럼.

그런데 약자가 독립을 하려 하면 연민이 많은 사람들에겐 문제가 생긴다. 지배적 의존도 의존이기 때문이다. 따라서 약자들이 더 이상 도움이 필요 없다고 해도 어떻게든 의존 관계를 유지하려고 한다. 겉으로는 이들이 도움을 주는 입장이지만, 심리적으로 상대방의 자율성을 해치는 방식으로 관계를 맺고 있는 것이다. 결국 처음에는 좋지만, 지배적 의존을 하는 사람이나 종속적 의존을 하는 사람 모두 갈등에 직면하게 된다.

S는 우울 증세가 심한 상태에서 상담을 받으러 왔다. S의 문제는 아들과의 갈등이었다. 초등학교 고학년인 아들은 친구를 좋아했다. 친구들과 노는 시간이 늘어나면서 집에 점점 늦게 들어왔는데 S는 이런 아들의 행동에 몹시 화가 났다. 화를 내고 나면 깊은 우울을 맛봐야 했다. 나는 S씨가 왜 이렇게 아들이 늦게

들어오는 행동에 화를 내는지 탐색했다.

S는 남편과 사이가 좋지 않았다. 남편은 회사를 경영하느라고 집에는 거의 신경을 쓰지 못했고, 집에 있을 때면 소리를 지르거나 화를 내는 경우가 많았다.

S는 이런 남편이 무서웠고 남편과 아무런 교감을 할 수 없어 외로웠다. 특히 어린 아들이 남편에게 무섭게 꾸지람을 듣거나 맞을 때면 도저히 견딜 수가 없었다. 그래서 남편에게 대들다가 몇 번 맞기도 했다.

S는 아들이 너무 불쌍한 나머지 아들을 보호한다는 명분하에 아들의 일거수일투족을 챙기기 시작했다. 외출할 때 꼭 데리고 다녔고, 아들이 혼자 나갈 때는 장소를 옮길 때마다 연락을 하도록 했다. 아들이 원하는 것은 뭐든 들어 주려고 했다. 그런데 아들이 사춘기에 접어들면서 집에 늦게 들어오고 연락도 하지 않는 것이었다.

"아들의 연락이 없으면 마음이 어떠세요?"

"아들이 연락을 하지 않으면 무슨 일이 일어난 것 같은 마음이 들어요. 아들이 없으면 나는 못 살아요. 나는 아들만 바라보고 살았거든요."

이렇게 말을 하며 S는 많이 울었다. 울다가 문득 남편 이야기를 꺼냈다. 남편이 얼마나 이기적이고 자기를 무시하는지에 대해 말하며 분노했다. 그러다 다시 아들 이야기로 돌아오면 아들이 얼마나 불쌍한지에 대해 얘기했다.

나는 S가 연민에 의한 지배 관계에 있음을 알아챘다. 아들은 종속적 의존을 하고 S는 지배적 의존을 하고 있었다. 남편은 가해자였다.

수많은 상담 과정을 거치면서 S는 이 관계 패턴을 인식하게 됐다. 하나씩 알아갈 때마다 깜짝 놀라는 표정을 지었다.

"선생님, 저는 정말로 아들에게 도움을 주려고만 했어요. 아들을 심리적으로 착취하고 있다고는 전혀 생각하지 못했어요. 가슴이 너무 아프네요."

S는 이 말을 하면서 또 많은 눈물을 흘렸다. 아들이 사춘기를 거치면서 자신의 품을 떠나야 한다는 점을 알았지만 가슴에서 받아들일 수 없어 괴로워했다. 너무도 허망해했다. 빈 가슴을 안고 돌아가는 S가 안된 마음이 들었다. 그러나 내가 도울 수 있는 것은 여기까지다. 나머지는 S의 몫이다.

S는 상담이 종료된 뒤 여러 달이 지나서 한 번 찾아왔다.

"선생님! 요즘에는 잘 지내고 있어요. 제가 하고 싶은 일을 찾았고 일을 통해서 친구들이 많이 생겼어요. 아들에 대해서는 마음이 꽤 멀어졌어요. 이제야 아들이 나로부터 받은 피해가 보이네요. 그 피해를 이제 내가 메워 줘야 하셨지요. 아들이 요즘

부쩍 나에게 화를 많이 냅니다. 내가 아들에게 했던 행동들이네요. 아들의 화나는 마음을 받아 줘야 할 것 같아요. 아직 남편하고는 풀어야 할 숙제가 많지만 이만해도 살 것 같아요."

연민에 의한 지배적 의존은 남편과 사이가 좋지 않은 아내들이 많이 경험하는 일이다. 아이와의 밀착된 관계를 통해 남편과의 관계에서 채워지지 않는 외로움도 채우고, 지배적인 관계를 통해 자신이 작아지는 느낌도 해소할 수 있기 때문이다. 이 관계는 자녀가 청소년기에 접어들면서 필연적으로 삐걱거리게 된다.

열등감–못난 나도, 잘난 너도 참을 수 없어!

열등감은 영어로 inferiority complex다. complex의 뜻은 '복잡한, 종합적인' 등이다. 열등감은 스스로가 작다, 못났다고 생각하는 데서 오는 여러 가지 복잡한 감정을 의미한다.

열등감이 있는 사람들은 소외, 질투, 화, 창피, 부적절감, 불안과 두려움 등 다양한 감정들을 느낀다. 여러 감정들이 있기 때문에 여러 복잡한 생각들이 든다. 그러나 이를 정리하지 못한다. 정리를 하려면 분류를 해야 하는데 서로 다른 감정들이 충돌을 일으켜서 분류를 할 수 없기 때문이다.

열등감이 있는 사람들은 분주한 삶을 산다. 일을 통해서 자신의 존재를 부각하려고 한다. 때론 일중독자처럼 보이기도 한다. 잘 쉬지도 못하지만, 쉬면서도 자기보다 잘나가는 사람들에 대한 생각이 떠나지 않는다.

열등감이 많은 사람들은 정서적 관계를 어려워한다. 정서적 관계는 자신의 장점과 단점을 모두 보여 주는 관계다. 그런데 열등감이 있기 때문에 자신을 노출하면 창피할 것이라 생각한다.

그래서 자신을 노출하는 대신 상대방에게 관심을 보인다. 상대방에게 맞추는 방식으로 관계를 맺는다. 그러면 상대방은 배려받는 느낌이 들어 기분이 좋다. 특히 일방적으로 배려받고 싶은 유아기적 욕구를 가진 사람들이 이런 관계를 좋아한다.

이렇게 해서 두 사람은 표면적으로는 배려하고 배려받는 관계를 형성한다. 그러나 이면적으로 배려하는 사람은 '나 지금 일 잘하고 있지'라고 생각한다. 열등감이 있는 사람에게는 배려하는 관계가 일하는 관계다. 즉 정서적 관계도 일처럼 한다. 또한 배려받는 입장에 있는 사람은 '나는 지금 사랑받고 있지'라고 생각한다. 이런 느낌에 가려서 상대방이 자신에 대해서 일하는 관계를 맺고 있다는 사실을 눈치채지 못한다. 이렇게 두 사람은 역기능적 관계를 맺으면서 좋아하는 마음을 키운다. 사상누각일 뿐이다.

열등감이 있는 사람들은 강함에 대한 목마름이 있다. 자신이 강하지 못하다고 느끼기 때문에 강해지고 싶어 한다.

현대 사회는 무한 경쟁 시대다. 열등감이 있는 사람들은 경쟁 사회에서 밀리지 않기 위해 긴장 상태로 살아간다. 뒤처지면 비참한 삶을 사는 것이라고 생각한다. 경쟁에서 질 것 같은 마음이 들면 초조하다. 불안하고 두렵기 때문에 지지 않으려고 안간힘을 쓴다. 그래서 부정한 방법도 동원한다. 자신에게 유리한 식으로 규칙을 바꾸기도 한다.

그리고 이런 방법들이 먹히지 않으면 화를 낸다. 지지 않으려고 경쟁을 하다가 말다툼이 벌어지고 화를 내는 것이다. 부부싸움부터 형제 싸움, 친구, 직장 동료 간의 싸움은 결국 서로 지지 않으려고 하는 싸움이다.

내게 일어났던 일이다. 나에게는 형님 두 분과 누님 두 분이 있다. 한번은 명절에 모여 형님들과 윷놀이를 하다가 크게 싸운 적이 있다. 나는 큰형님과 다퉜는데 큰형님은 나에게는 아주 크~~은 형님이다. 어렸을 때부터 의지한 큰 바위 같은 형님이다. 그런데 내가 어른이 되고 난 뒤에 보니까 큰형님도 약점이 있는 사람이었다.

그날 윷놀이를 하는데 큰형님이 이렇게 저렇게 윷놀이 규칙을 바꿨다. 내가 질 것 같았다. 나는 참다 참다 폭발했다.

"그렇게 마음대로 하려면 그만해!"

이 말을 들은 큰형님은 발끈해서 나에게 소리를 질렀다.

"내가 언제 뭘 했다고 그러는 거야! 내 마음대로 한 적 없어!"

이내 옥신각신 언쟁이 벌어졌다. 순식간에 즐거웠던 윷놀이 판이 엉망이 됐다. 가족들은 말리기 바빴다. 이 광경을 보고 있던 조카(큰형님의 아들)가 한 말이 내 마음에 박혔다.

"아빠만 그렇게 화내는 줄 알았는데 작은아빠도 똑같네요. 집안 내력이네요."

이 말을 들은 나는 우리 집안을 다시 생각해 봤다. 어렸을 때 가정 형편이 어려웠던 우리 형제들은 열등감을 갖고 있었다. 이 열등감이 해결되지 않은 상태로 남아 있다가 윷놀이를 하면서 지지 않으려는 마음으로 나타났다는 생각을 했다. 한편으로 이해는 됐지만 마음 한구석이 씁쓸했다.

우리는 말다툼을 하면서 서로 자신이 더 강하다고 주장한 것이다. 큰형님은 자신이 원하는 방향으로 윷놀이를 하면서 강함을 나타냈다. 나는 나대로 큰형님을 한번 넘어서 보고자 하는 마음으로 언쟁을 했다. 결국 화를 내면서 언쟁을 한 이유는 서로 누가 더 강한지를 겨뤄 보려는 마음이었다. 질 것 같을 때 화를 내는 이유는 자신이 강함을 증명하려고 하는 마음이다.

"다른 사람의 것을 가져와 강해지고 싶어"

질투와 시기는 열등감 있는 사람들이 잘나가는 사람을 부러워하면서 느끼는 감정이다. 부러워서 가져오려는 마음이다. 자신의 것이 아닌 타인의 것에 대한 감정이다. 이렇게 질투와 시기, 그리고 열등감은 늘 붙어다닌다.

열등감이 많은 사람들은 자신 속에서 뭔가를 찾아내려 하지 않는다. 자신이 가진 것은 별 볼 일 없기 때문이다. 자신 속에서 긍정적인 것을 찾지 못하기 때문에 다른 사람의 것을 가져와 자신의 것으로 만들려 한다. 다른 사람의 것을 가져오면 자신이 더 강해질 것 같은 느낌이 든다.

열등감이 많은 사람들은 불안과 두려움도 많이 느낀다. 늘 전전긍긍하고 산다. 그래서 일을 하거나 사람을 만날 때 즐기기 어렵다. 왜냐하면 언제나 경쟁에서 이겨야 한다는 마음이 들기 때문이다.

경쟁자들은 저만큼 앞서 가는 것 같고 자신만 처지는 느낌도 자주 든다. 그래서 잘 쉬지도 못한다. 일에 대한 집중력이 떨어져 효율성도 낮다. 그러나 한편으로 어느 정도 일에 대해서 성과를 내기도 한다. 늘 일을 하기 때문이다. 그러나 이런 방식은 나중에 큰 어려움에 봉착할 수 있다. 일의 동력이 자신에게서 나오지 않고 상대방과의 경쟁에서 나오기 때문이다.

오래전에 명문대 학생을 상담한 적이 있다. 이 학생이 나에게 가져온 문제는 성적이 제대로 나오지 않는다는 것이었다. 학점을 물어보니 3.8 정도 되었다. 아주 좋은 성적임에도 불구하고 4.0을 넘지 못한다고 자신을 비난하고 있었다.

나는 그가 공부하는 방식을 살펴봤다. 그는 앞에서 공부한 내용을 기억하지 못할까 봐 언제나 처음으로 다시 돌아가서 공부했다. 이런 과정을 여러 번 반복했다. 그래서 너무 힘들고 지쳤다. 그리고 그렇게 공부하는데도 1등을 하지 못한다는 사실 때문에 불안해하고 두려워했다. 자신보다 성적이 좋은 다른 학생들이 괴물처럼 느껴졌다. 그래서 이들과의 경쟁에서 이기려면 공부를 더 완벽하게 해야 한다는 마음을 가지고 있었다. 명문대의 좋은 학과를 다니면서도 열등감을 해결할 길이 없었다.

나는 이 학생의 열등감이 어디에서 오는지 알아보는 상담을 진행했다. 그의 열등감의 근원은 아버지였다. 아버지는 어렸을 때부터 학생을 무시하는 말을 했다. "그런 식으로 해서 어떻게 다른 사람들을 이길 수 있겠니? 다른 사람들은 토끼처럼 뛰어가는데 너는 왜 그 모양이냐? 빠릿빠릿하게 공부하지 못하면 사회에서 영원히 도태된다는 점을 모르겠어?" 하고 야단을 치곤 했다. 이런 아버지의 영향으로 학생은 지면 큰일 날 것 같은 마음을 가지고 살았다. 상담은 아버지로부터 받은 상처를 치료하는 것에 중점을 둬 진행됐다. 상담이 끝날 무렵 학생이 말했다.

"선생님, 이렇게 마음이 편한 적은 처음이네요. 내 인생에서 이제 뭔가로부터 해방된 느낌이 들어요. 이제야 편히 숨을 쉴 수 있을 것 같아요."

그는 안도의 숨을 내쉬었다. 하지만 나는 참으로 마음이 좋지 않았다. 얼마나 많은 사람들이 이렇게 경쟁에 내몰리면서 자신의 삶을 파괴하고 있는지 생각하면서 말이다.

어느 모임에나 주인공과 주변인이 있다. 그런데 열등감이 있는 사람들은 자주 부적절감과 어색함을 느끼기 때문에 주인공이 되지 못하고 주변인에 머물게 된다.

누구나 주인공이 되고 싶어 한다. 주변인들도 주인공이 되기 위해 노력한다. 두 가지 방향이 있다. 하나는 자신이 모든 사람을 지배할 수 있음을 보여 주고 싶어 하는 방식이다. 외현적 자기애다. 자기애적 성격 장애를 가진 사람들이 대표적인 경우다.

이런 사람들은 열등감을 견딜 수 없기 때문에 자신이 중요한 인물이라고 생각한다. 그래서 자기 주변에 있는 사람들도 다 대단한 사람이어야 한다. 그래서 사람을 처음 만나면 대단한 사람이라고 치켜세운다. 따라서 주로 인정 욕구가 많은 또 다른 열등감 있는 사람들이 주변에 머물게 된다.

그러나 자기애적 성격 장애자는 시간이 흐르면서 주변 사람들을 무시하게 된다. 자신만 중요한 사람이기 때문이다. 그 결과 주변 사람들과 마찰이 생기고 그들은 떠나게 된다. 끊임없이 사람들이 바뀌고 또 새로운 사람들이 주변을 맴도는 도돌이표를 그리게 된다.

다른 하나는 속으로 무시하는 사람들이다. 이들은 내현적 자기애의 사람들이다. 마음속에 자기중심성, 즉 자기애가 들어 있다. 이들은 겉으로는 겸양지덕을 가진 사람들이다. 보기에는 친절하고 겸손해서 다른 사람들과 관계를 맺는 데 무리가 없다. 그러나 속으로 들어가면 그렇지 않다. 속에서는 많은 판단을 하는 사람들이다. 겉으로는 겸손하지만 속에서는 자신이 더 낫다고 생각한다. 배운 사람들에게 많이 나타나는 유형이다.

열등감은 이처럼 건강하지 못한 자기애를 만들어 낸다. 천상 천하 유아독존이고 싶은 마음을 만들어 낸다. 출세와 경제적 성 공, 사회적 인기를 통해 아무도 자신을 건드리지 못하도록 자신 을 무장하고 싶어 한다. 그래야 못난 사람들이 잘난 자신에게 머 리를 조아리기 때문이다. 그래서 열등감이 있는 사람들은 돈이 나 출세, 인기에 지나치게 집착한다.

4부

나를 휘젓는 감정, 조절할 수 있다

감정 조절은 훈련이 필요하다

살다 보면 우리는 많은 부정적 감정을 경험하게 된다. 내 뜻대로 안 돼서 화가 나고, 내 마음을 몰라줘서 외롭고, 앞일이 어찌 될지 몰라 불안하다. 이런 부정적 감정들을 느끼는 것은 힘들고 때론 고통스러운 일이다. 그래서 이를 피하는 다양한 방법들을 생각해 낸다.

흔히 하는 방법은 다른 데로 시선 돌리기다. 친구를 만나 수다를 떨거나, 잔뜩 먹거나, 영화를 보거나, 잠을 푹 자기도 한다. 이렇게 감정과 상관없는 일에 몰두하면서 감정은 잠시 제쳐둔다.

감정은 특성상 시간이 지나면 누그러지기 때문에 이런 방법이 효과적일 때도 있다. 그러나 이건 감정의 일시적 해소에 불과하다. 왜냐하면 감정은 느끼고 표현되지 않으면 절대 사라지지 않기 때문이다. 해소되지 않은 감정은 우리의 무의식 속에 쌓여 호시탐탐 밖으로 나올 기회를 엿보거나, 제발 자기를 알아 달라고 떼를 쓴다.

감정을 꾹꾹 눌러 참다가 별거 아닌 일에 자극받아 걷잡을 수 없이 분노를 쏟아 내고 후회한 적이 있는가? 혹은 때때로 올라오는 감정을 무시하고 일만 하다가 공허감을 느낀 적은? 만약 우리가 감정이 느껴질 때마다 알아주고 적절히 표현해 줬다면 어땠을까? 바로 이 때문에 감정 조절이 필요한 것이다.

감정 조절이란 괴로운 감정에서 도망가지 않고 어떤 감정인지 알아차리고 그것을 자연스럽게 표현하는 것이다. 물론 쉬운 일은 아니다. 배워 보지 않은 것이기에 여러 가지 조건들을 배우고 익혀야 한다. 감정 조절을 위해서는 7단계의 과정이 필요한데, 각 단계마다 위기가 있다.

1단계는 느낌 알아차리기, 2단계는 느낌 표현하기다. 사실 이 두 단계만 잘해도 우리는 감정 조절에 반은 성공한 것이다.

예컨대, 다른 집 아이가 성적이 좋다는 말을 들었는데 왠지 기분이 가라앉는다면 마음을 곰곰이 들여다본다.

"아, 지금 내가 저 집 엄마한테 열등감을 느끼고 있구나. 그래서 이렇게 괴롭구나. 인정하기는 싫지만 나 지금 열등감을 느끼는구나."

이렇게 자기 느낌에 이름을 붙이고 밖으로 표현만 해도 가라앉는 기분에서 벗어날 수 있다.

그런데 감정을 표현할 때, 꼭 남에게 표현할 필요는 없다. 자기 자신에게 표현하기만 해도 감정은 훨씬 누그러진다. 홍수가 되어 나를 덮치던 감정이 내 손안에 들어온다.

그런데 어떤 감정을 자주, 반복적으로 느끼고 있다면 좀 더 깊이 들여다볼 필요가 있다. 즉, 그 감정에는 해결을 바라는 문제가 들어 있다. 제발 이 문제를 해결해 달라고 감정이 신호를 보내는 것이다. 그것이 3단계인 주제 찾기다.

난폭한 아버지에 대한 분노, 부모로부터 방치돼서 느꼈던 외로움, 완벽주의자 부모로부터 인정받지 못할까 봐 느꼈던 두려움 등등……. 이것을 찾아 해결해 줘야 궁극적으로 그 무거운 감정에서 벗어날 수 있다. 아니면 앞의 사례들에서 보듯 그런 상황이 올 때마다 같은 감정에 휩싸이고 엉뚱한 해결책을 찾게 된다.

자신의 주제를 찾으면 그렇게 된 마음의 논리를 이해하는 것이 4단계 깊이 이해하기다. 이렇게 자신의 주제를 깊이 이해하고 나면 원하지 않던 자신의 모습과 만나게 되는 경우가 많다. 완전히 낯선 나를 만나게 된다. 스스로 괜찮은 사람인 줄 알았는데 아닌 모습을 보게 되는 것이다.

5단계 수용하기는 이런 나의 모습을 수용하고, 초라하게 보이지 않으려고 세웠던 무의식적 전략의 실패를 받아들이는 단계다. 진영처럼 일을 잘해서 인정받거나 기천처럼 도덕적으로 우월해지거나 나처럼 반박할 빈틈을 보이지 않거나 하는 전략이 실은 소용없는 일이었음을, 오히려 원하는 것을 막고 있었음을 깨닫는 단계다.

여기까지만 와도 대단하다. 자신의 주제를 찾고, 원치 않는 자신을 받아들인 것은 큰 성과다. 그러나 한 번 이렇게 했다고 끝나는 것은 아니다. 긴 시간 자기와 싸워야 한다. 6단계 자기와의 싸움이다.

마지막 7단계는 변화된 자신을 지속시켜 줄 업그레이드된 가치관을 갖는 단계다. 어린아이의 마음을 버리고 성숙하면서 자유로워지는 단계다.

일상생활에서 부정적 감정을 느낄 때마다 이렇게 일곱 단계를 밟으며 감정을 조절해 간다면 감정에 압도돼 에너지를 낭비하지 않고 보다 홀가분한 마음으로 자신의 현실에 집중하며 자유롭게 살아갈 수 있을 것이다.

1단계_느낌 알아차리기

감정을 조절하려면 제일 먼저 자신의 감정을 잘 알아야 한다. 지금 내가 어떤 기분을 느끼고 있는지, 왜 이런 기분을 느끼는지 알아야 하는 게 첫걸음이다.

그래서 자신의 느낌에 민감해지는 것이 이 단계의 가장 중요한 훈련 목표다. 예를 들어, 화가 날 때 자신의 신체에는 어떤 변화가 일어나는지(심장이 뛴다든지, 손에 땀이 난다든지……), 어떤 생각이 드는지, 주로 어떤 상황에서 화가 나는지 등등을 적극적으로 탐색하는 것이다.

어떤 때는 감정을 느끼긴 하지만 그 감정의 정체를 모를 때도 있다. 그래서 그저 "답답하다", "짜증난다"고 말할 때도 있다.

그럴 때는 자신의 감정에 머물며 왜 그런 감정이 드는지 곰곰이 생각해 본다. 정체를 알 수 없는 감정 덩어리일 때는 답답하다가도 '아, 내가 불안하구나'라고 알아채기만 해도 초조함이 가라앉는 걸 경험할 것이다.

우리는 상대를 모를 때 무섭고 두렵기까지 하다. 하지만 정체를 알고 나면 그 감정을 잘 다룰 수 있다는 통제감과 자신감을 가질 수 있다.

이 단계에서 조심할 것은 회피하기다. 앞서도 말했듯이, 부정적 감정을 느낀다는 것은 상당한 에너지를 필요로 하기 때문에 어떻게든 피하고 싶어진다. 그래서 인터넷 서핑, TV 시청, 쇼핑 등으로 주의를 돌리며 불편한 감정은 잠시 제쳐둔다. 그러면 평상시의 삶은 유지할 수 있다. 하지만 내면으로부터의 소리에 계속 귀를 기울이지 않으면 나중에는 통제가 불가능해진다. 우울증까지 올 수 있다. 심해지면 죽고 싶은 마음까지 든다.

기분이 나쁠 때 별것 아니라 여기지 말자. 기분 나쁨의 정체는 무엇인지, 이 느낌이 왜 생겼는지, 언제 또 이런 느낌을 느꼈는지, 누구와 있을 때 이런 느낌이 드는지, 이 느낌이 혹시 내 과거의 그 무엇과 관련이 있는지 등과 같은 질문을 해 보자. 처음엔 답하기 어렵겠지만 차츰 답을 찾아갈 수 있을 것이다.

이때 감정 일지를 쓰면 도움이 된다. 감정 일지는 어떤 감정을 느낄 때 그 상황과 대상, 강도를 기록하는 일기를 말한다. 진영을 예로 들자면 살면서 낯선 느낌이 들 때 이런 느낌이 얼마나 자주 드는지(빈도), 어떤 상황에서 드는지(정황), 어떤 사람과의 관계에서 드는지(대상), 얼마나 강하게 드는지(강도) 등을 기록하는 것이다.

첫 단계인 느낌 알아차리기를 하게 되면 삶이 새롭게 보인다. '내가 이런 때 이런 감정을 느끼는구나', '이런 생각을 하고 살았구나' 하며 자신을 알아가는 과정이 새롭다. 그러나 동시에 두려운 기억과 느낌도 살아난다. 잊어버리고 싶었거나 기억하고 싶지 않은 부분들이 떠오르면서 왜 그렇게 감정을 회피하려고 했는지 깨닫게 된다.

그러면서 무기력감과 짜증으로 극도로 예민해지기도 한다. 머리로 통제하고 사는 사람들은 두통을 많이 경험한다. 때로는 심혈관 계통에 이상이 생겨서 가슴이 답답하고 심장 근처에서 뻐근한 느낌이 발생하기도 한다. 내가 감정을 알아차리기 시작하자 그 감정이 돌봐 달라고 메시지를 전달하는 것이다.

◎ 감정 일지의 예(진영 케이스)

월/일	정황(언제, 어디서, 누구와, 무엇을 할 때)	느낀 감정	강도	빈도
5/3	어젯밤 남편이 내가 묻는 말에 말을 짧게 하고 눈을 마주치지 않거나 대답을 하지 않았다.	낯설다, 슬프다, 외롭다, 화가 난다	강하게 느낀다	자주 있다
5/5	남편이 소리를 지르고 핸드폰을 던졌을 때	낯설다, 무섭다, 슬프다, 괴롭다, 밉다, 분노가 인다	강하다	처음
5/6	남편이 출근하고 아이들은 학교를 간 빈집에서 집안일을 하고 혼자 앉아 있을 때	낯설다, 힘들다, 이런 느낌 익숙하다	중간 정도	종종 있다

2단계_느낌 표현하기

감정을 표현하기 어려워하는 사람들은 생각이 많은 사람들이다. 어린아이일수록 자기감정 표현에 솔직하다. 계산하지 않기 때문이다.

우리는 누구나 감정을 섣불리 표현했다가 관계를 망친 경험을 여러 번 갖고 있다. 그래서 감정, 특히 부정적 감정을 표현하는 것을 망설이고 두려워하게 된다.

착한 사람 증후군이 있는 사람은 자신의 이미지가 나빠질까 봐 감정 표현을 못한다. 기천이 직장 동료들의 부탁을 거절하지 못한 것은 '좋은 사람' 이미지를 잃고 싶지 않았기 때문이다.

상사의 휴일 호출을 거절하지 못했던 것도 '좋은 사람' 이미지를 유지하고 싶었던 것 외에 상사의 인정을 잃고 싶지 않았기 때문이다. 감정을 표현하면 관계가 나빠지거나 조직 생활에서 손해를 볼 수 있다고 생각한다.

평소 자기의 가치관과 다른 선택을 해야 할 때도 사람들은 감정 표현을 못한다. 사이 나쁜 부모 때문에 남자친구의 결혼 요청을 차일피일 미루던 G. 자신이 결혼하면 부모가 이혼할까 봐 두려웠던 그녀는 남자친구에게 자신의 감정을 제대로 표현할 수 없었고 결국 이러지도 저러지도 못하는 무기력증에 빠져 버렸다.

그런데 사람들이 하는 주된 오해 중의 하나가 감정은 꼭 그 감정을 일으킨 상대방에게 표현해야 한다는 것이다. 물론 그렇게 할 수도 있다. 하지만 꼭 그럴 필요는 없다. 상대방에게 내 감정을 섣불리 표현했다가는 오히려 관계가 더 나빠져 내 감정이 더 악화될 수도 있다.

감정은 밖으로 표현하는 것 그 자체만으로도 충분히 해소될 수 있다. 상대방이 아니라 나 자신에게 감정을 표현하는 것으로도 충분하다. 혼잣말을 하든, 믿을 만한 사람에게 내 감정을 털어놓든, 여의치 않으면 감정에 대해 두서없이 글을 쓰는 것만으로도 나를 압도하던 감정들이 신비하게 사라진다.

느낌을 표현할 때는 나를 주어로 해서 표현하는 훈련이 필요하다. 사람들은 화가 나거나 슬픈 느낌을 얘기하라고 하면 다른 사람 이야기를 많이 한다. 자기를 화나고 슬프게 한 사람을 비난하거나 그런 사건을 분석하며 화나고 슬픈 느낌을 표현한다.

그러나 이는 감정의 원인이지 감정 그 자체는 아니다. 우리는 이성을 강조하고 감정을 무시하는 사회에 살고 있어서 느낌보다는 느낌의 원인을 분석하는 일에 익숙하다. 감정의 원인보다는 감정 그 자체에 집중할 필요가 있다.

남편과 갈등이 심각해져 이혼을 생각하는 L. 남편은 L을 무시하는 말을 자주 했다.

"남편은 주위에 사람이 있든 없든 저에게 함부로 대해요. 길거리에서도 욕을 해서 지나가는 사람들이 쳐다보기까지 했어요."

L은 남편에게 분노를 표출했다.

"남편에 대해 얘기하며 눈물을 흘리시는데 지금 마음이 어떠신가요?"

"화가 나지요."

"눈물을 흘리는 것을 보니 슬프신 것 같은데 느낌은 어떠신가요?"

"어떻게 저를 그렇게 무시할 수 있나요? 제가 애들 엄마고 아내인데 애들 앞에서나 남들 앞에서 마치 하녀한테 일을 시키듯 명령했어요. 조금만 식사 준비가 늦어도 화를 내고 욕을 했어요. 생각할수록 참을 수가 없어요."

L은 슬픈 느낌을 말해 보라고 했지만 다시 남편 이야기로 돌아가 남편이 얼마나 자신을 무시했는지 얘기하면서 화만 내고 자신의 슬픔에 대해서는 말하지 않았다. 그러다가 아버지 이야기를 시작했는데 이때도 화를 내다가 다시 슬픈 표정을 지으며 눈물을 보였다.

분노는 "내가 옳고 네가 틀렸다"는 메시지를 주기 때문에 표현을 해도 초라해지지 않는다. L은 아버지와 남편이 얼마나 나쁜 사람인지를 설명하며 자신이 화를 내는 것은 당연하다고 주장하고 있다. 이 주장이 타당하면 자신은 피해자이고 남편과 아버지는 가해자가 된다. L은 남편과 아버지보다 도덕적 우위에 서면서 자신을 확장할 수 있다.

그런데 슬픔은 원하는 것이 이뤄지지 않은 안타까운 느낌이다. "슬프다"라고 표현하려면 자신이 상대방에게 의존하고 있음을 인정해야 한다. 그래서 작아진다. 분노나 화는 잘 표출하고 슬픈 느낌은 표현하기 어려운 이유다.

화는 "내가 옳다"라고 표현하기 안전한 표면감정이고, 슬픔은 내가 작아지는 이면감정이다. 슬픔의 심층에는 수치심이 들어 있다.

"아버지 얘기를 하면서도 아까 남편 얘기를 할 때처럼 눈물을 흘리시네요. 지금 마음이 어떠세요?"

"저는 아버지가 좀 더 따뜻하고 자상했으면 하고 바랐어요."

이 말을 하면서 다시 눈물을 보이더니 이내 화나는 감정으로 돌아갔다.

"아버지가 집에 오시면 공포 분위기가 조성됐어요. 우리 남매는 각자 방으로 돌아가서 공부하는 척했어요. 아버지는 사사건건 지적하고 야단쳤어요. 성적이 나쁘거나 집에 늦게 들어오면 매를 들거나 집에서 쫓아내기도 했어요. 자식들에게 어쩌면 그렇게 무섭게 대했는지 화가 나요."

나는 L이 슬픈 느낌에 머물 수 있도록 유도했다.

"아까 아버지가 자상했으면 하고 얘기하면서 눈물을 흘렸는데, 그때 아버지에게 무엇을 원했는지 말씀해 주실 수 있어요?"

"어느 날 친구 집에 갔는데 친구 아버지가 친구에게 얼마나 자상하게 말하는지 그날 밤 혼자서 많이 울었어요. 나는 아버지가 다정하길 바랐어요. 남편이 그런 사람인 줄 알고 결혼했는데 아버지와 똑같은 남자였어요. 정말 화가 나서 미치고 팔짝 뛰겠어요."

"그래요, 아버지가 자상하고 다정하기를 원했는데 그렇지 않아서 슬프지요? 자상하고 다정한 아버지를 원했던 마음에 대해 좀 더 얘기해 주시겠어요?"

"저는 어렸을 때부터 부드럽고 자상한 사람만 보면 왜 그렇게 좋았는지 모르겠어요. 그런 사람들을 보면 괜히 마음이 푸근해지고 다가가고 싶었어요. 우리 아버지가 그런 사람이길 바랐어요. 그래요. 남편도 아버지도 그런 사람이길 바랐는데 그렇지 않았어요. 내 간절한 소망이었는데 이뤄지지 않았어요. 그래서 절망스럽고 서글퍼요."

L이 자신의 간절했던 소망을 얘기하며 서럽게 울었다. 오래된 슬픔에 푹 잠기는 시간을 가졌다. 이면감정인 슬픔에 집중하자 본인이 간절히 원했던 것이 뭔지, 그것이 이뤄지지 않았을 때 자신이 어떤 감정이었는지 알게 됐다.

앞서도 말했듯, 표현되지 않은 감정은 무의식의 세계에 쌓인다. 그렇게 쌓인 감정은 수시로 자신을 공격하며 여러 증상을 일으킨다. 무기력하고 우울한 느낌, 잦은 두통, 소화 불량, 거식증, 성적 환상 등. 이런 증상 중 강도가 심한 것이 신체적 마비다. 마비는 부정적 에너지인 분노가 밖으로 나가지 못하고 자신을 공격할 때 발생한다.

내담자 중에 분노를 억압하느라 앉은 자리에서 일어나지 못했던 사람과 눈을 뜨지 못했던 사람이 있었다. 어린 시절부터 폭력적인 아버지에 대한 분노가 쌓였지만 한 번도 이를 표현해 보지 못했던 남자는 상담 도중 약간의 분노를 내비치더니 곧 억압했다. 그러곤 앉은 채로 굳어서 일어날 수 없게 됐다. 분노를 표출하는 자신이 너무나 부끄럽고 창피했기 때문이다.

다른 남자 내담자 역시 아버지에게 폭력을 당한 사람이었는데, 독실한 기독교인이었다. 자신 안에 아버지에 대한 분노가 있음을 결코 용납할 수 없는 사람이었다. 상담 중 아버지에 대한 분노를 터뜨리다가 그런 자신을 용납하지 못해 억압하면서 눈을 뜨지 못했다. 두 사람 모두 마비를 푸는 데 오랜 시간이 걸렸다. 분노를 온전히 표출할 수 있게 되면서 마비가 풀렸다.

억압된 감정은 몸도 마음도 마비시킨다. 그러나 일단 표현하기 시작하면 감정이 풀리고, 꽁꽁 얼어붙어 있던 몸과 마음도 풀린다. 이렇게 감정은 오묘하고 신비롭기까지 하다.

아이는 속이 상해 우는데 엄마가 "뭐가 속상하다고 난리야"라고 혼낸다면? 아내는 화가 나 죽겠는데 남편이 "그깟 일로 그러느냐"고 면박을 준다면?

주위로부터 감정을 수용받지 못한 사람들은 자기 느낌이나 생각에 대해 확신을 갖지 못하게 되고, 감정도 자꾸 숨기게 된다. 스스로에 대해 수치스러운 감정이 생기고, 자연히 자존감이 낮아진다. 하지만 감정을 제대로 표현하기 시작하면 낮아졌던 자존감도 회복될 수 있다.

남편에게 억울한 오해를 받은 부인이 있었다. 사실 관계를 밝히자니 권위적인 남편이 난리를 칠 것 같아 입도 뻥끗 못하고 '살던 대로 살지 뭐!' 하며 기회를 놓쳤다. 그러나 시간이 지날수록 가슴이 답답해졌고, 결국 우울증으로 상담실을 찾았다.

부인은 상담을 통해 과거의 사건을 들여다봤고 속에 있던 감정을 만나게 됐다.

"얼마나 억울했는지 잠도 잘 수 없었어요. 너무너무 억울했어요."

부인은 당시 억울했던 감정을 표현했다. 그리고 그때 남편에게 꼭 하고 싶었던 말이 기억났는데 "이 멍청아!"였다.

"이 멍청아! 이 멍청아! 이 멍청아! 그렇게 앞뒤가 이해 안 되냐?"

이렇게 말을 하고 난 뒤 부인이 얼마나 시원해했는지, 그리고 얼마나 웃었는지 모른다.

과거뿐만 아니라 상담 당시에도 남편과의 관계에서 억울한 일이 진행되고 있었다. 부인은 억울하지만 어쩔 수 없이 자신에게 맡겨진 일을 하고 있었는데, 남편한테 꼭 해 주고 싶은 말이 있다고 했다. 그 말은 "나보고 어쩌라고~"였다.

"나보고 어쩌라고~. 도대체 나보고 어쩌라고~. 왜 나한테 다 떠맡기는 거야!"

이 말을 하고 난 뒤에도 부인이 얼마나 시원해했는지 모른다.

"이렇게 말을 하고 나니 정말 시원하고 홀가분하네요. 그동안 뭐가 무서워서 이런 말을 못했을까요? 내가 바보같이 느껴져요. 앞으로는 남편에게 내 마음을 표현하며 살 수 있을 것 같아요. 설혹 남편 앞에서는 다 못하더라도 마음속으로는 무슨 말이든 할 수 있다는 것을 알게 됐어요."

감정을 표현하기 시작하면 하고 싶었던 말이 되살아나고 자존감도 회복된다.

Q는 연애를 하다가 자주 헤어졌는데 이 또한 감정 표현을 제대로 하지 못했기 때문이었다. 데이트를 하다가 마음에 들지 않는 부분이 생기면 직설적으로 표현해 남자들이 떠나갔다.

Q는 무서운 아버지와 아버지에게 꼼짝 못하는 엄마 사이에서 성장하면서 폭군 같은 아버지에 대한 반발심이 심했다. 아버지가 엄마에게 큰소리를 치면 아버지에게 대들기도 했다. 그리고 그런 말버릇은 데이트 상대에게 그대로 적용됐다. 나는 Q의 데이트를 돕기 위해 감정을 있는 그대로 표현하는 훈련을 시켰다.

"남자가 맘에 들지 않을 때가 많다고 했는데 무엇이 마음에 들지 않나요?"

"말하는 태도가 맘에 안 들 때가 많아요."

"말하는 태도만 안 좋은 건가요? 사람은 마음에 들었나요?"

"네, 사람은 괜찮을 때도 많았어요."

"말하는 태도가 마음에 안 든다고 했는데 어떤 태도인가요?"

"내가 만난 남자들은 하나같이 모자란 사람 같아요. 자기가 원하는 걸 분명하게 말하지 못해요. 식사를 할 때도 늘 제가 선택해야 해요. 뭘 먹을지 물어보면 제가 좋아하는 것을 먹겠다고 하고, 영화를 볼 때도 제가 보고 싶은 것을 보자고 해요. '당신은 뭘 원하는지 확실하게 얘기해 보라'고 하면 그제야 말을 해요. 남자면 남자답게 먼저 얘기하면 안 되나요? 이럴 때 나는 '왜 자기가 원하는 것도 말하지 못하느냐'고 확 말해 버려요."

나는 이 말을 듣고 Q의 관계 패턴을 알게 됐다. Q는 아버지와 반대인 조용하고 부드러운 남자를 원한다. 그런데 이런 남자들은 주로 상대방에게 맞춰 주는 관계 형태를 가져 자신이 원하는 것보다는 상대방이 원하는 것을 하는 경향이 있다. 자기가 원하는 남자 스타일임에도 불구하고 Q는 이들의 이런 경향을 답답해한다. Q는 자신이 이런 관계 패턴을 가지고 있는지 전혀 인지하지 못하고 있었다. Q에게 질문했다.

"자신이 원하는 남자 스타일인데도 왜 답답해하는지 생각해 봤나요?"

질문을 받은 Q는 생소한 표정을 지었다. 자신이 왜 그런지

한 번도 생각해 본 적이 없었다. 이 질문을 가지고 오랜 시간 씨름을 한 뒤 Q는 아버지와의 관계를 생각해 냈다.

강한 아버지가 싫었던 Q는 부드러운 남자를 원했다. 그러나 부드러운 남자들이 머뭇거리거나 우물쭈물하면 답답해했다. Q는 남자에 대해서 이중 감정을 가졌다. 부드러우면서 동시에 분명하고 확실한 사람이기를 바랐다. 나는 Q의 이런 모순을 해결하기 위해 대화 훈련을 시켰다.

"그럼 이렇게 표현해 보도록 합시다. '나는 당신이 좋은데 당신이 우물쭈물하거나 눈치를 보면 마음이 답답해져요'라고 말해 보세요."

"그렇게 말하기가 어려워요. 그런 말을 하려고 하니 왠지 몸이 오그라들면서 왜소하고 작아지는 느낌이 드는데요."

나는 Q가 왜 이런 느낌이 드는지 분석했다. 감정 표현 훈련을 할 때는 걸리는 부분을 풀어 주고 좀 더 편안한 상태에서 느낌을 표현하도록 해야 한다. 나는 이런 시도를 "꼭지를 틀어준다"고 표현한다. 나는 Q가 왜 자신의 감정을 표현하면 왜소하고 작아지는 느낌이 드는지 물어봤다.

"어렸을 때 아버지가 무서웠어요. 아버지는 무슨 일이든 자기 마음에 들지 않으면 화를 내고 호통을 쳤어요. 아버지에게 맞은 적도 있어요. 그렇게 무서웠는데도 저는 아버지가 엄마에게 함부로 대하면 대들었어요."

"무서운 아버지 앞에 있으면 어떤 느낌이 들었어요?"

"아무것도 못할 것 같은 마음이 들었어요. 한없이 작은 아이 같았어요. 나는 이런 내가 싫었어요. 그래서 아버지에게 입에서 나오는 대로 말을 내뱉기 시작했어요. 그러면서부터 하고 싶은 말이 있으면 잘 참지를 못해요. 뭔가 할 말이 있으면 그냥 말해버려요."

몸이 오그라들고 왜소해지는 느낌은 아버지 때문이었다. Q는 호통치고 무서운 아버지 앞에서 어린아이로서 어쩔 줄 몰라 했던 자신을 이렇게 표현하고 있었다.

"아버지가 그럴 때마다 무서웠어요. 조금 크면서부터는 아버지에게 덤볐어요. 아버지에게 따지고 화를 내면서 나를 방어했던 것 같아요."

"그때 어떤 마음이었던 것 같아요?"

"무서웠지요. 아버지가 야단치고 함부로 대하면 너무 힘들었어요. 내가 많이 잘못된 아이같이 느껴졌어요. 아버지는 저하고 엄마한테 너무 심했어요."

"아버지에게 덤볐지만 무서웠군요."

"네, 그랬어요. 그래서 지지 않으려고 말도 더 독하게 하고. 아버지에게 사생결단하듯 덤볐어요. 아! 그러고 보니 내가 부서워서 그렇게 덤볐던 거군요. 안 무서운 척하느라고."

Q는 무서웠던 감정을 억압하며 덤비는 행동으로 표현했다. 무섭다고 하면 초라해지고 비참해지니까 덤비는 행동으로 이를 표현했던 것이다.

"그때 원하던 것이 무엇이었나요?"

"무서운 아버지가 아니라 부드러운 아버지였으면 했어요. 호통치고 무서운 아버지가 아니라 자상하고 따뜻한 아버지를 원했어요."

Q는 서럽게 울었다. Q가 진정 원했던 것은 부드러움과 따뜻함이었다. 직설적이고 명령조로 말하던 그 마음 밑에는 무서워하고 인정받지 못해 상처 받은 어린아이가 있었다.

자신의 감정을 표현하기 시작하면서 Q는 달라졌다. 직설적으로 하고 싶은 말을 하던 Q가 자신의 감정을 표현할 때는 소리가 기어들어가듯 작아졌다. 떨리는 목소리로 때로는 알아들을 수 없이 작은 소리로 말했다. 아버지를 무서워하는 감정에서 벗어나지 못해서였다. 나는 무섭다는 말을 더 하도록 Q를 도왔다.

"나는 아버지 앞에서 너무 작은 아이 같았어요. 너무 무서웠기 때문에 처음에는 노려만 보다가 나중에는 소리를 지르게 된 거예요"라고 말을 하면서 흐느껴 울고 정말 무서워했다. 나하고 눈동자도 마주치지 못하고 고개를 숙이면서 말을 하고 있었다. 이런 과정을 한참 반복하고 난 뒤에 Q는 무서움에서 벗어날 수 있었다.

"그럼 이제 '나는 당신이 좋은데 분명하게 말하지 않으면 답답하고 힘들어요'라고 말을 할 수 있겠어요?"

"네. 할 수 있을 것 같아요."

"한번 해 보겠어요?"

"나는 당신이 부드러워서 좋은데 그렇게 불분명하게 말을 하면 화가 나요."

Q는 이렇게 말하면서 속 시원해했다.

Q는 그동안 남자들을 떠나게 했던 사실만 직설적으로 말하는 방식이 어린아이가 어른처럼 말하려고 했던, 방어하는 말투였음을 알게 됐다. 심리적으로는 어린 시절의 겁먹은 소녀가 어른 남자들과 데이트하려고 했음을 알게 된 것이다.

무서웠던 마음을 표현하면서 Q 안의 오그라들고 왜소한 느낌의 아이가 성장하고 있었다. Q는 앞으로도 남자를 만나면서 몇 번은 더 실패할 수 있다. 왜냐하면 아직도 충분히 어른이 되지 못했기 때문이다. 그럼에도 불구하고 Q는 청소년의 시기를 거쳐 어른이 되어 갈 것이고 성인 남자와 제대로 대화를 할 수 있게 될 것이다.

감정을 표현하는 것은 마음을 편안하게 해 준다. 마음이 편안해지면 일단 삶이 쉬워지고 가벼워진다. 또한 삶의 에너지를 선택적으로 집중해서 사용할 수 있기 때문에 무슨 일을 하든 생산성이 커진다. 현재의 어색하고 거북한 느낌을 방치하지 말고 그 속에서 자신을 지배했던 역사적 사실을 찾아내자. 그리고 눌린 감정을 표현해 주자. 그러면 현재 삶의 문제를 더 잘 해결해 나갈 수 있는 에너지와 여유가 생긴다.

3단계_내 인생의 주제 찾기

일단 표현하기를 통해서 일차 관문이 열리면 본격적으로 자신의 주제가 드러난다. 화가 났던 사람들은 두려움을 만나게 되고 불안해하던 사람들은 화가 나기 시작한다. 우울해했던 사람들은 본격적으로 자신의 분노를 드러내고 어색함과 부적절감을 느꼈던 사람들은 억울함을 토로한다. 표면감정 속에 숨겨져 있던 이면감정, 심층감정이 드러난다.

I는 상대방이 자신에게 관심이 있는지 없는지에 아주 민감한 사람이다. 다른 사람들은 I의 이런 태도가 부담스러워 관계를 지속하기 어려워했다. 그러나 남편은 I를 잘 이해했고 지속적인

관심을 보여 줬다.

I에게는 남편이 외로움을 달래 주는 유일한 통로였다. 그런 만큼 남편이 자신에게 관심을 보이지 않으면 불같이 화를 냈는데, 나에게 왔을 때도 남편에게 몹시 화가 나 있었다. 남편이 지방 출장을 갔을 때 전화를 하지 않았던 것이다. 남편은 평소 부인이 무서워서 전화를 자주 하는 편이다. 그럼에도 불구하고 부인이 전화를 하지 않았다고 분노를 폭발시키자 결국 상담을 요청했다.

I의 아버지는 사업을 하는 사람이었다. 아버지는 사업에 몰두하느라 집에 무관심했다. 어머니는 외로운 나머지 친구들을 만나러 돌아다녔다. 어린 시절부터 엄마와 아빠를 기다리면서 산 I는 기다리는 느낌이 너무나도 싫어 남편이 어디를 가기만 하면 신경이 곤두섰다. 그리고 조금이라도 연락이 없으면 화를 냈다. 어린 시절 받지 못한 부모의 사랑을 남편에게 대신 받고 싶었다.

I에게 익숙한 감정은 외로움과 그것이 채워지지 않을 때 느끼는 불안과 분노다. 어린 시절의 외로움을 보상받아야 한다는 당위적인 생각이 부인의 분노를 부추겼다.

나는 부인의 분노 속에서 외로웠던 어린 시절을 보상받고 싶어 하는 마음을 보았다. 사랑받는 아내가 되어, 외로움을 느끼며 초라했던 자기에서 벗어나 커지고 싶은 마음이 부인의 주제다. 외로워하는 자신은 작은 존재고, 사랑받는 자신은 큰 존재다. 큰 존재가 되고 싶은 욕구가 좌절될 때마다 부인은 불같이 화를 냈다.

감정 속에 묻혀 있던 주제가 드러나면 그동안 미처 인지하지 못했던 또 다른 세상을 보게 된다. 자신이 어떤 사람인지 명확해지는 것이다. 이 단계의 위기 요인으로는 자신의 주제가 드러날까 봐 두려워하는 마음이다. 자신이 어떤 사람인지 드러나면 그런 자신을 싫어할까 봐 두려워한다. 자신을 좋아하지 않는 사람들이다.

사람들은 저마다 자신을 드러내지 않기 위한 방어 기제를 가지고 산다. 일반화의 기제, 주지화의 기제, 행동화의 경향, 사회화 현상 등은 모두 자신을 드러내지 않는 방법들이다.

일반화의 기제를 쓰는 사람들은 "인간은 다 그래", "안 그런 사람이 어디 있어!"와 같이 말한다. '자신의 주제'를 '사람의 주제'로 바꿔서 자신의 문제를 숨긴다. 익명의 사람들 속으로 자신을 숨긴다. 일반화는 대체로 합리적이고 상식적인 듯 보여 듣는 사람들은 아무런 문제를 느끼지 못한다.

주지화의 기제는 기천의 예에서 보듯 감정을 생각으로 정리한다. 감정이 생기면 자신이 그렇게 할 수밖에 없었던 이유를 찾아 합리화함으로써 처리한다. 여우의 신 포도 이야기가 대표적이다. 포도를 따려다 결국 실패한 여우는 "저건 신 포도일 거야"

라고 중얼거린다. 여우는 포도를 먹고 싶지만 따 먹을 수가 없다. 아쉬움을 달래려고 '저 포도는 시어서 맛이 없을 거야. 그러니 안 먹는 게 나아'라고 생각하며 먹고 싶은 마음을 숨기려고 한다.

행동화의 경향은 감정을 드러내지 않기 위해서 행동을 하는 경우다. 부끄럽고 창피한 느낌이 들면 이런 감정을 드러내지 않기 위해서 일로 시선을 돌린다. 집안일이나 회사일을 하거나 취미 활동에 지나치게 몰두한다. 이러면 자신의 감정을 드러내지 않으면서 일이나 사람들에게 의존할 수 있다.

사회화 현상은 심리적 느낌에 집중하지 않고 사회적 사건들에 초점을 맞추는 경우다. 정치, 경제, 사회적 사건이나 화제에 집중함으로써 자신의 감정에서부터 멀어지는 방법으로, 특히 남성들이 많이 사용한다. 또한 사람들 중에는 둘만 있으면 불편해하는 사람들이 있다. 다는 아니지만 이들 중 일부는 사회화 경향을 가지고 있다. 자신의 생각과 감정이 드러나기 쉬운, 둘만 있는 자리보다는 여러 사람과 있어 자신의 감정을 들여다보지 않아도 되는 자리를 선호한다.

많은 사람들이 어른이 돼서도 어린아이와 같은 마음으로 사는 이유는 이렇게 자신의 주제가 드러날 때마다 회피했기 때문이다. 회피는 사람들이 그 주제에 직면해서 성장할 수 있는 기회를 빼앗는다. 자신의 주제를 직면한 사람들은 자신의 문제를 알게 되고 해결해 간다. 이런 사람들의 인격은 꾸준히 성장하지만 그러지 않은 사람들은 제자리에 머무르게 된다.

4단계_나를 깊이 이해하기

자신의 주제를 알고 나면 많은 사람들이 자신에 대해서 분명한 이미지를 갖기 어려워한다. 지금까지 자신이라고 믿고 살았던 모습과는 전혀 다른 새로운 자신을 만나게 되기 때문이다.

　나는 총각 때 길거리에서 어떤 아줌마와 다툰 적이 있다. 무엇 때문에 다퉜는지 기억나지 않지만 아줌마에게 화를 내고 난 뒤 나는 나 자신이 죽을 만큼 싫었다. 너무나 창피하고 비참했다. 내가 왜 그랬을까, 왜 좀 더 너그럽게 말하지 못했을까 자책하며 심한 죄책감에 시달렸다. 나는 길거리에서 화를 낸 나를 용납할 수 없었다. 집에서 화를 내는 건 괜찮지만 길거리에서 화를 냈다는 점이 나를 많이 괴롭혔다.

내면의 싸움은 정말로 쉽지 않았다. 길거리에서 싸웠던 일이 없었던 일이기를 바라는 마음은 오랫동안 나를 괴롭혔다. 이일이 내 인생의 큰 오점 같았다. 그리고 이런 나를 다른 사람들이 알까 봐 두려워했다. 몇 년 동안 철저하게 이런 나를 숨기며보여주지 않으려고 노력했다.

그럼에도 불구하고 몇몇 사람들은 나의 이런 면들에 대해서알아봤다. 그때마다 나는 창피했고 혹시 이런 내가 드러날까 봐힘들어했다. 나는 이 일로 인해서 많은 시간 동안 시달렸는데 당시에는 무엇이 문제인지 몰랐다.

나중에 상담을 공부하면서 왜 내가 그토록 힘들었었는지알게 됐다. 나는 지성적이면서 너그러운 나와 거칠고 무식한 나로 양분돼 있었다. 거칠고 무식한 나는 야성적이면서 동물적인나다. 동물적인 나는 시장에서건 길거리에서건 집에서건 조건만형성되면 튀어나온다. 이런 나를 집에서는 허용하고 있었지만 길거리에서는 철저히 통제하고 있었다. 길거리에서는 좀 더 지성적이고 너그러운 사람이고 싶었던 내가 아줌마와의 다툼을 통해서 처절하게 무너져 내렸다.

처음에는 이런 나 자신을 받아들이기가 몹시 어려워서 나를거부하고 있었다. 나를 지성적이고 너그러운 나로 인식하고 싶어

했다. 이 싸움은 몇 년 동안 이어졌는데 결국 나는 길거리에서 싸우는 나도 나고, 그러지 않는 나도 나라는 사실을 인식하고 받아들이게 됐다. 내 속에 다양한 모습이 있음을 알게 됐다. 내가 원하는 모습만이 내가 아니었다.

내가 그렇게 괴로웠던 이유는 두려움 때문이었다. 사람들이 내가 길거리에서 아줌마와 싸우는 거칠고 무식한 사람이란 것을 알게 되면 나를 싫어하고 비난하며 받아주지 않을 것 같았다.

사람들이 "괜찮은 녀석인 줄 알았는데 알고 보니 형편없는 녀석이었네. 쯧쯧" 할 것만 같았다. 그러면 비참할 것이라 생각했다. 내가 그런 나를 부정해 버리면 다른 사람들은 모를 것 같았다. 그래서 길거리에서 싸운 나를 그렇게 용납하기 어려웠던 것이다. 이것이 나의 두려움의 실체였다.

나는 어렸을 때부터 열심히 노력하고 사는 사람이었다. 학교에 다니며 지각 한 번 안 하고 결석도 안 하면서 열심히 공부하는 모범생이었다. 그것이 내가 살길이라고 생각했다.

그러나 길거리에서 아줌마와 다투었던 사건은 이런 모범생의 이미지를 송두리째 무너뜨리는 사건이었다. 내가 힘들었던 몇 년의 기간은 결국 모범생의 이미지를 복구하고 싶었던 시간이었다. 내가 느꼈던 죄책감, 수치심은 모범생의 모습을 유지하고 싶어 지불해야 했던 감정이었다. 모범생이 아닌 별 볼 일 없는 사람으로 여겨지는 것이 싫어서 지불해야 했던 고통스러운 감정이었다.

이미 사건은 일어났고 이를 변경하는 것은 불가능하다. '그때 그 사건만 없었으면 나는 괜찮은 사람이 되는 건데 그것 때문에 망쳤다'고 생각해 나를 포함해 많은 사람들이 이미 일어난 일을 바꾸거나 감추려 한다. 수치심을 느끼게 하는 사건을 자신의 인생에서 도려내고 싶은 것이다.

남들에게만 감추려는 것이 아니라 자기 자신마저 속이고 싶어 할 정도로 그 싸움은 처절하다. 그래서 다른 지역으로 이사를 가거나 심지어는 국적을 바꾸면서까지 자신의 역사적 사실을 직면하고 싶어 하지 않는다. 그러나 역사적 사건은 변경 불가하고 감춘다고 없어지지 않는다. 이미 진 게임이다.

5단계_원치 않는 내 모습 수용하기

자신 안에 여러 모습이 있고, 원하지 않는 모습도 내 모습이라고 인정하기는 힘든 일이다. 지금까지 자기 나름대로 인생을 잘 살고 있다고 생각했는데 이것이 한꺼번에 부정되기 때문이다. 이런 어려움을 직면하기 싫어서 다시 옛날처럼 살려고 하면 우울해진다. 자신의 추한 모습을 수용하기 위해서는 그동안 갖고 있던 가치관을 바꿔야 한다.

독실한 기독교인 O는 교회에서 신뢰받는 사람이었다. 성실하고 진실한 사람으로 많은 교인들이 인정하고 있었다. 그러나 교회 지도자나 목사가 진실하지 않은 모습을 보이면 불같이 화를 냈다. 이로 인해 갈등이 생기는 경우가 많아 목사님의 권유로 상담을 하게 됐다.

O는 거짓말을 하는 사람에 대해 분노를 조절할 수 없었다. 거짓말을 용납할 수 없었기 때문이다. O의 거짓에 대한 분노는 아버지에게서 비롯됐다. 아버지는 한량처럼 산 사람으로 교회를 다님에도 불구하고 진실하지 못한 모습을 많이 보였다. 아버지로 인해 가족 간에 많은 갈등이 있었다. 아버지의 위선적인 모습을 보고 자란 O는 자신은 절대 아버지처럼 살지 않겠다고 결심했다.

O는 거짓이 없는 진실한 세상을 원했다. 거짓말을 하는 교회 지도자들은 O가 간절히 염원하는 진실한 세상을 망가뜨리는 사람들이었다. O가 그들의 거짓말을 용납할 수 없었던 이유다.

O는 아버지를 '악한 사람', 자신은 '선한 사람'이라고 규정하며 살아왔다. 그러나 상담을 하면서 O는 아버지가 어린 시절에 자신에게 잘해 줬던 것과 술에 취해 밤늦게 집에서 소리를 지르곤 했지만 그러고 나서는 방에서 혼자 울곤 했다는 사실을 기억하게 됐다.

O는 이런 기억이 떠오르면서 괴로워졌다. 많은 사람들이 자신의 신념과 다른 기억이 떠오를 때 O처럼 거부하곤 한다. 그래야만 자신이 괜찮은 사람이라는 생각을 고수할 수 있기 때문이

다. 아버지에 대해 새롭게 인식할수록 O는 자신이 해 온 행위들 중에 아버지와 닮은 점들을 발견하게 됐고 이런 발견은 O의 지금까지의 삶을 송두리째 흔들었다.

아버지와 다른 사람이 되기 위해서 아버지와 대척점에 서게 되면 O는 아버지와 '다른 사람'이 아니라 아버지의 '다른 모습'이 될 뿐이다. 대척점이란 완전히 반대되는 지점이다. 그러나 이 둘은 사실 다르지 않다. 아버지를 미워하고 싫어하는 마음 자체가 이미 아버지를 닮았다. O가 아버지를 미워했던 것은 아버지로 인해 느꼈던 불안, 두려움, 분노 때문이었다. 그리고 그로 인해 자극됐던 수치심에서 벗어나고 싶은 마음 때문이었다. '악'인 아버지를 미워함으로써 자신은 악과는 관계없음을 인정받고 도덕적 우월성을 주장하는 것이다. O가 거짓을 싫어했던 것은 정의로움을 추구하는 마음과 함께 아버지로 인해 작아졌던 자신을 확장하는 방법이기도 했다.

많은 사람들이 악을 미워하기 때문에 자신은 악이 아니라고 생각한다. 그러나 악에 대한 미움도 미움이기에 역설적으로 이미 악의 세계에 들어왔음을 말해 주는 것이다. 결국 이 생각이 악이 아니려면 악을 행하는 사람을 불쌍히 여기는 마음이 있어야 하고 그들을 포용하는 마음이 있어야 한다. 이런 마음 없이 악을 미워하기만 하면 이미 그 마음에 악이 존재하는 것이다.

그러나 악은 아주 교묘해서 선으로 포장하고 있는 경우가 대부분이다. 선으로 포장하고 있기 때문에 O씨를 포함한 많은 사람들이 자신에게는 악함이 없다고 생각하는 오류를 범하게 된다. 선으로 포장된 악이든 겉으로 드러난 악이든 악은 악이다.

O의 아버지는 겉으로 드러난 악을 가진 사람이고 O씨는 선으로 포장된 악을 가진 사람이다. 그래서 둘은 똑같다. 단지 악이 드러나는 방식이 다를 뿐이다.

선과 악의 구도가 송두리째 흔들린 O에겐 삶을 대하는 다른 방식이 필요해진다. 그동안 O는 정의에 근거한 삶을 살아왔다. 정의는 자신을 선한 사람이라 여기며 다른 한쪽을 타도의 대상으로 삼는다. O가 선택할 수 있는 새로운 삶은 자신 안에도 죄가 있음을 보며 죄를 지은 사람들을 품고 포용하는 방식이다.

이제 O는 그동안 그래왔던 것처럼 선악을 구분하는 삶, 즉 거짓을 볼 때마다 분노하는 삶을 살지 아니면 선악을 모두 품는 세상을 살지 선택해야 할 시점에 와 있다.

수용은 이런 인식과 더불어서 이뤄진다. 이런 인식이 없으면 O는 영원히 아버지를 미워하면서 수용하지 못한다. 뿌리를 부정함으로써 자신의 일부가 부정된 O는 결국 통합된 인격을 갖지 못하고 파편화된 삶을 살게 된다. 그래서 겉으로는 잘 사는 것 같은데도 왠지 불안하고 잘 못 사는 것 같은 느낌이 든다. 공허

하다.

　자신이 그토록 싫어했고 닮지 않기를 바랐던 아버지를 수용하면서 자신 안에 있는 아버지를 받아들일 때 O는 아버지와 다른 새로운 사람이 될 수 있다. 아버지를 포용하면서 O는 자신을 포용하는 삶을 살게 된다.

6단계_나를 성장시키는 긴 싸움

자신과의 싸움이란 자신이 원하는 자기와 현실의 자기, 그 둘 사이의 싸움이다. 우리는 자신을 있는 그대로 받아들임으로써 마음의 평화를 누릴 수 있다. 기천은 괴물같이 여겨지는 자신을 받아들이는 데 많은 시간이 걸렸다. 나 역시 내 속의 동물적인 거친 모습을 받아들이는 데 많은 시간이 걸렸다.

이런 싸움은 대체로 길고 지루하다. 허망하기도 하고 헷갈리기도 하며 화가 나기도 하고 그러다가 갑자기 모든 것을 포기하고 싶은 마음도 든다. 이런 과정이 견디기 어려워 많은 사람들이 변화하지 않으려고 한다.

변화의 과정에 있는 사람들에게 꼭 필요한 것이 곧 격려와 칭찬이다. 이런 과정에 있는 사람들은 모두 위대한 사람들이다. 왜냐하면 자신과의 싸움에서 이미 절반 이상을 승리하고 있기 때문이다.

O는 이제 자신이 무엇을 버리고 무엇을 취해야 할지 선택해야 한다. O가 버려야 할 것은 이분법적으로 세상을 보는 마음이다. 이 마음은 어린아이의 마음이다.

어린아이들은 영화를 볼 때 묻는다. "엄마, 누가 나쁜 사람이야?", "저 아저씨는 착한 사람이지?" 선과 악의 이분법적 구조를 갖고 있기 때문이다. 그러나 어른이 되면 자연스레 알게 된다. 선속에 악이 있을 수 있고 악 속에 선이 있을 수 있다는 점을. O가 어른이 되어서도 아버지를 악으로 치부하며 미워하고 자신을 선으로 치부하는 이유는 O의 마음이 어린아이이기 때문이다.

O는 성장통의 대가를 치러야 한다. 성장통이 두려워 이를 방치하게 되면 O는 파괴된 세상에서 살게 된다. 전에는 감정을 절제하며 때때로 분노를 터뜨렸지만 앞으로는 그 정도로 안 된다. 우울한 마음에 분노가 충동적으로 쉽게 터진다. 조그마한 자극에도 견디지 못하고 아버지가 살던 삶을 그대로 반복하거나 아니면 아버지보다 더 못한 삶을 살게 된다.

O에게는 이미 성장을 위한 자원이 많이 있다. 먼저 선한 입

장에 서려는 소중한 마음이다. 이 마음은 아주 귀한 것으로 우리가 어떤 상황에 처하든지 가져야 할 마음이다. 이를 심리학에서는 '태도'라 하고, 종교에서는 '영성'이라고 한다. 일상생활에서는 '자세'라고 한다. 뭐라고 부르든지 관계없이 이 마음은 귀하기 때문에 O는 이 마음을 새롭게 발견한 세계와 어떻게 연결시킬지 고민할 필요가 있다.

또한 O가 열심히 살면서 발달시켜 온 것들이 있다. 무능한 아버지와 달리 유능해지려고 얻은 지식, 사회적 지위, 인간관계, 성실, 근면, 인내 등. 이런 것들을 최대한 새로운 세계를 위한 자원으로 편입시킬 수 있다.

새로운 세계에서는 선만이 아니라 악도 포용할 수 있는 더 커진 선한 마음을 갖게 된다.

악을 포용하기 위해서 반드시 필요한 것이 인내와 평안함이다. 인내는 이미 O가 가지고 있는 능력 중 하나다. 그동안 O는 아버지에 대한 미움 속에서 인내를 키워 왔다. 이제 아버지에 대한 미움을 해소하고 마음이 평안해지면 악을 보고서도 그 이면을 이해하고 포용할 수 있게 된다. 아버지에 대한 분노와 미움으로 쌓아온 O의 자원은 모두 새로운 세계를 건설하는 데 도움이 되는 자원으로 활용된다.

7단계_새로운 가치관의 탄생

마지막 7단계에서는 새로운 세상을 뒷받침할 수 있는 새로운 가치관을 형성해야 한다. O는 기존의 가치관보다 한 단계 높은 가치관을 가져야 바뀐 세상에서 살아갈 수 있다.

이 세상에는 선 속에 악이, 악 속에 선이 공존한다는 사실을 받아들이려면 가슴앓이를 견뎌야 한다.

많은 사람들이 모순된 것이 동시에 존재하는 세상을 받아들이지 못해 파편화된 삶을 산다. 진실한 세상과 거짓된 세상이 따로 존재한다고 믿으면서 살아가는 삶이 파편화된 삶이다. 인간은 누구든 죄를 지을 수 있고 잘못할 수 있는 존재다. 선한 사람들도 선한 행위만 하지 않고 악한 사람들도 악한 행위만 하지 않는다.

새로운 가치관은 이렇게 모순을 받아들이면서 만들어진다. 모순을 받아들이면 주장하기보다 사랑하기가 우선임을 알게 된다. 모순을 가슴에 품은 사람들은 뭔가를 주장할 수 없다. 주장을 하려면 자신의 어느 한쪽을 부정해야 하기 때문이다. 악을 행하는 사람도 나고, 선을 행하는 사람도 나다. 인간은 정의를 통해서 단죄해야 할 대상이라기보다는 사랑을 통해서 변화시켜야 할 존재다.

나 역시 내 속에는 거룩하게 살려는 마음인 신성과 동물적으로 살려는 세속성이 동시에 존재함을 받아들였다. 이 둘은 내 속에 같이 있다.

내가 나의 세속성을 인정하지 않았을 때는 아저씨들이 길거리에서 싸우는 모습을 보면 피해 다녔다. 더러운 것을 피하듯 피하면서 그들을 심판하고 판단했다. 그러나 내 속의 동물성을 받아들이면서는 길거리에서 다투는 아저씨들을 봐도 편안하고 안타까울 수 있었다. 왜냐하면 아저씨들의 싸우는 모습이 곧 내 모습이고, 나의 동물성 또는 세속성이라 피할 것도 판단할 것도 없기 때문이다.

내 안의 원하지 않는 나의 모습도 나임을 인정하기 때문에 지금은 화가 나거나 창피할 때 훨씬 쉽게 내 마음을 조절할 수 있다. 우리가 가장 싫어하는 모습을 내 모습으로 받아들일 때 우리는 평안 속에 살게 된다.

새로운 가치관을 찾는 데 실패하면 내면에서 많은 갈등이 일어난다. O는 이분법적 권선징악이라는 가치관을 갖고 있었다. 상담을 통해서 자신과 아버지가 별반 다르지 않다는 사실을 알게 됐다.

그럼에도 불구하고 권선징악이라는 가치관을 고수하게 되면 자신도 아버지와 마찬가지로 징계의 대상이 된다. 선을 행하는 집행자이면서 동시에 자신이 징계의 대상자가 된다. 그러면 마치 다중 인격자처럼 자신 안에 서로 양립할 수 없는 모순을 지닌 이중적 삶을 살게 된다. 이런 모순적 형태의 삶은 끊임없이 내적 갈등을 만들어 낸다. 이는 『레 미제라블』에서 장발장을 끝까지 감옥에 넣어야 한다는 법적 신념을 가진 자베르 경감이 자살을 하는 이유와 같다.

우리 사회는 개인도 집단도 가치관의 혼란 상태에서 살고 있다. 우리가 새롭게 가져야 할 가치관은 흑백 논리로 상대방을 악으로 규정하고 이를 응징하는 교만의 세상, 양분화의 세상, 정의의 세상이 아니다. 선하다고 생각한 내 안에도 악이 있고 악하다고 생각한 상대방에게도 선이 있음을 인정하는 겸손의 세상, 포용의 세상, 사랑의 세상이다.

이런 가치관이 개인과 사회 안에 뿌리내릴 때, 수치심을 직면할 수 없어 자신의 감정을 왜곡하고 서로 더 큰 존재가 되고자 싸웠던 우리들이 수치심에서 벗어나 평안과 자유로움을 누릴 수 있을 것이다.

5부

감정과 사이좋게 지내는 법 - 실천편

오늘 내 기분이 어떤지 물어보자

감정 조절을 연습하기 위해서는 마음 놓고 내 감정을 표현할 대상이 필요하다. 내게 관심을 기울여 주고 내가 어떤 감정을 표현해도 허용하고 지지해 주는 사람들이 주변에 많이 있다면 감정 조절 연습이 훨씬 수월할 것이다. 허용적인 부모나 스승, 친구, 때로는 상담자들이 그런 역할을 할 수 있다.

그런데 이런 사람들을 찾는 것은 쉽지 않다. 나에 대한 관심 없이는 이런 상대가 돼 주기 어렵다. 특히 힘든 감정을 잘 들어 주고 공감해 주는 것은 생각보다 훨씬 힘든 일이다. 상대방의 헌신이 꼭 필요하다.

그래서 사람들은 누가 힘든 감정을 토로하면 아무 일 아니란 듯이 축소하거나, 얼른 해결 방법을 알려 줘서 힘든 감정을 표현하지 못하도록 한다. 말로는 상대방을 위해서라고 하지만, 사실은 그 힘든 감정을 함께하는 게 너무 힘들어 얼른 그 감정에서 벗어나고 싶어 그러는 것이다.

그러니 누군가 내 감정을 잘 들어 주고 공감해 준다면 그 사람에게 무척 고마워해야 한다. 그는 내가 생각하는 것보다 훨씬 많은 에너지와 노력을 나를 위해 할애하고 있는 것이다.

그러나 주변에 그런 사람이 없다고 낙담할 필요는 없다. 나 자신을 그런 대상으로 삼아서 연습해도 된다. 언제 어느 곳에서나 나는 나를 상대로 감정 조절을 연습할 수 있다. 그것도 관계를 망칠지 모른다는 불안감 없이 안전한 상태에서 말이다.

이 장에서는 감정을 잘 조절할 수 있도록 일상생활에서 실천할 수 있는 구체적인 방법 10가지를 소개한다.

첫번째는 우선 나 자신에게 기분이 어떤지 물어보는 것이다. 단순히 "지금 기분이 어때?"라고 묻는 것만으로 자신과의 대화가 시작될 수 있다. 가정주부는 가족들을 출근시키고 나서, 직장인이라면 아침 출근길에 기분이 어떤지 스스로에게 물어본다.

묻는 나 : 용태야, 오늘 아침 기분은 어떠니?

대답하는 나 : 글쎄, 기분이 별로 안 좋은데. 음, 뭔가 무거워.

묻는 나: 오늘 아침 왜 이렇게 무거운 기분이 드는 거지?

대답하는 나: 오늘 회의가 있는데 그 생각을 하니 기분이 안 좋아.

묻는 나: 왜 회의가 부담스럽지?

대답하는 나: 오늘 중요한 안건이 있는데 나하고 의견이 다른 사람들이 있어서.

묻는 나: 그걸 생각하면 기분이 어떤데?

대답하는 나: 부담스럽고 긴장돼.

깨닫는 나: 그래, 내가 오늘 회의 때문에 부담스럽고 긴장되는구나.

이때 일이나 다른 사람이 아니라 자신의 기분에 초점을 맞추는 것이 중요하다. 아침 회의나 의견이 다른 사람들에게로 생각이 넘어가면 안 된다. 그러면 생각이 꼬리에 꼬리를 물어 종국에는 자신이 뭘 하고 있었는지 아예 잊어버리게 된다. "그걸 생각하면 기분이 어떤데?"라고 중간중간 기분을 물어봐 줘야 자신에게 집중할 수 있다.

회사 상사로부터 야단을 맞고 기분이 나쁠 때도 이렇게 자신과 대화를 나눠 보자.

묻는 나: 지금 기분이 어때?

대답하는 나: 야단맞은 게 기분 나쁘지.

묻는 나: 기분이 나쁜 이유는?

대답하는 나: 무시당한 거 같아.

묻는 나: 그래서 기분이 어때?

대답하는 나: 드럽네, 드러워. 화도 나고 창피해.

묻는 나: 뭐에 화가 난 거야?

대답하는 나: 남들 앞에서 야단친 게 화가 나지!

묻는 나: 야단친 것 자체가 아니라 남들 앞이어서 화가 난 거라고?

대답하는 나: 그런 거 같네. 후배도 있는데 창피하게.

자신과 대화를 하다 보면 자신이 어떤 감정을 느끼는지, 뭘 중요하게 생각하는지 알아 가게 된다. 탐색이 쉬울 때도 있고 어려울 때도 있다. 탐색이 깊어질수록 무슨 질문을 해야 할지 어떤 대답을 해야 할지 어려워진다. 그래서 '내가 뭐 하고 있는 건가?' 싶어져 그만둬 버리기도 한다.

이럴 때는 대화의 상대가 자기가 좋아하는 사람이거나 아끼는 존재라고 상상하는 것도 좋은 방법이다. 그러면 질문과 대답에도 정성을 들이게 된다.

이런 대화를 잘하려면 자신에게 집중할 수 있는 혼자만의 시간이 필요하다. 조용하고 편한 공간에서 혼자만의 시간을 가지면 좋겠지만 여건이 안 되면 이동하는 시간이나 설거지하는 시간, 누군가를 기다릴 때 틈틈이 이렇게 대화를 시작해 본다. 자신의 기분을 자주 물어보고 기분이 어떤지 알수록 자신을 더 소중하게 대하게 된다.

불편한 감정을 환영하자

사람이라면 누구나 부정적 감정을 받아들이기가 쉽지 않다. 밀어내고 싶은 게 인지상정이다. 하지만 감정 그 자체는 좋은 것도, 나쁜 것도 아니다. 감정이 생길 때는 다 이유가 있다. 감정 조절을 잘하려면 가장 필요한 게 불편한 감정이 올라올 때 이를 환영하는 것이다.

"아, 내가 지금 무겁구나. 무거운 기분 웰컴!"

"아, 내가 지금 기분이 나쁘구나. 나쁜 기분 웰컴!"

불편한 감정이 찾아오면 애써 아닌 척할 필요 없다. 우울한 감정이 찾아오면 시무룩한 표정을 짓거나 우울한 행동을 해도 괜찮고 사실 그렇게 할 필요가 있다. 감정에 머물러 주는 것이다. 내 감정을 내가 알아주면 그것만으로도 감정은 상당 부분 해소된다.

그러나 타인의 시선에 신경을 많이 쓰는 사람들은 이렇게 못한다. 우울한 감정을 느끼고 있다는 것을 인정하기조차 어려워한다. 다른 사람들에게 밝은 모습만 보여 주려고 결국 우울한 나를 부정하게 된다.

그런데 부정적 감정을 느끼고 있다는 것을 부정하려면 많은 에너지가 동원된다. 그저 '내가 슬프구나', '기분 나쁘구나'라고 인정만 해 줘도 쓸데없는 에너지가 낭비되지 않는다. 우울할 때는 나의 우울함을 환영하며 우울한 세상을 경험해 보는 게 좋다. 이렇게 할 때 우리는 감정의 매임에서 벗어나 감정의 풍요로움을 경험할 수 있다.

얼마 전 장애인 M을 상담했다. M은 자립심이 강한 사람이었다. 경제적으로 무척 어려운 상태인데도 장애인에게 주어지는 도움의 손길을 뿌리치고 있었다. 그렇지만 마음 한편에서는 계속 불편함이 있었다. M은 그 불편함을 해결하기 위해 나를 찾았다. 이분의 예를 통해서 불편한 감정을 환영하지 않으면 어떤 일이 벌어지는지 보도록 하자.

M은 신체적으로는 장애인이라는 점을 인정하지만 정신적으

로는 정상인과 똑같이 살 수 있다고 생각하며 장애로 발생되는 모든 불편함을 부정하고 있었다. 그러다 보니 보통 사람들보다 서너 배 노력해야 했고, 결국 에너지가 고갈돼 자녀들에게는 소홀하게 됐다. 소중한 자녀들에게 적절한 돌봄을 제공하지 못하는 아버지가 된 것이다.

이처럼 불편한 감정을 부정하려고 하면 많은 에너지를 엉뚱한 곳에 사용하게 된다. 원래 있던 불편한 감정에 더해, 이를 감추려고 다른 데 에너지를 쓰면서 발생하는 또 다른 불편함이 있다. 즉 불편한 감정이 두 배로 증가하게 된다.

나는 이분에게 모든 상담 과정을 건너뛰고 한 가지 점만 분명하게 했다.

"당신은 장애인입니다. 장애인이 도움을 받고 사는 것은 당연한 일입니다. 당신이 사는 세상은 정상인들처럼 독립적이고 독자적인 세상이 아닙니다. 당신이 살아가는 세상은 도움을 주고받는 세상입니다. 다른 사람의 도움을 받아들이고 또 다른 사람에게 도움을 주세요."

이 말을 들은 M은 한참을 멍하니 앉아 있었다. 나로부터 뭔가 다른 처방을 받길 원했는데 결론적으로 자신이 가장 부정하고 싶었던 사실을 받아들이라는 처방을 받자 멍해진 것이다. 한참을 멍하게 앉아 있다가 M은 고개를 끄덕였다.

"그래요, 선생님. 그동안 저는 제가 장애인이라는 사실을 부정하고 살아왔네요. 나를 부정하느라고 너무나 많은 에너지를 쓰면서 힘들게 살았어요. 이제 저 자신을 받아들여야겠어요. 그래요. 나는 불편한 사람이고 도움이 필요한 사람입니다. 이렇게 받아들이기만 해도 좀 가벼워지네요. 앞으로 정부나 주변의 도움을 받으면서, 그리고 다른 사람들도 도우면서 배려하는 세상을 살아야 할 것 같네요."

다른 예를 하나 더 들어 보자. 분위기 메이커인 회사원 C가 상담을 요청했다. 회사 동료나 친구들은 C를 만나면 편안해하고 즐거워한다. 그런데 C는 점점 회사에 가기 싫어지고 사람들과의 모임이 힘들어진다고 했다.

"선생님, 다른 사람들이 저로 인해서 즐거워할 때는 저도 같이 즐거워요. 그런데 점점 이렇게 사는 삶이 부담스러워요. 나도 기분이 안 좋을 때가 있는데 사람들은 내게 늘 뭔가를 기대해요. 그럴 때마다 고개를 흔들며 '내가 이런 기분에 빠져 있을 때가 아니야. 이러면 다른 사람들이 실망할 거야' 하면서 사람들의 기분을 맞춰 주려고 애써왔어요."

나는 C가 한 말 중에서 고개를 흔들고 자신의 기분을 부정하는 부분에 초점을 맞췄다.

"다른 사람이 뭔가를 기대하면 마음이 어떠세요?"

"기대를 하면 뭔가를 해야 할 것 같아요."

"뭔가를 해야 한다고 생각할 때 기분이 어떠세요?"

"잘 모르겠어요. 아마도 부담이 되는 것 같아요."

"잘 말씀하셨네요. 부담이 되면 어떻게 하세요?"

"부담을 떨쳐 버리려고 주로 고개를 흔들어요. '별거 아니야'라고 혼잣말을 하면서 사람들에게 집중해 그들을 위해 뭔가를 하고 있는 나를 발견하게 돼요."

"남들이 원하더라도 하지 않으면 어떻게 되나요?"

"그러면 다른 사람들이 나를 가만두지 않아요. 그래서 더 힘들어져요."

C는 남들의 요구에 부응해야 하는 것에 부담을 느끼고 있었지만 부담스러워 하는 자신의 감정을 제대로 받아들이지 못하고 있었다. C씨는 부담스러운 감정이 들면 고개를 흔들고 부정한다. 그리고 이런 감정에서 빨리 벗어나기 위해서 다른 사람들의 욕구에 자신을 맞춘다. 이렇게 자신의 감정을 외면하고 감정과는 반대의 행동을 하다 보니 회사에 나가기 싫어지고 모임에 나가는 것도 힘겨워졌다.

"사람들의 무언의 요구가 부담스러울 때는 아무것도 하지 말고 가만히 있어 보세요. 그러면 어떨 것 같으세요?"

"그러면 사람들이 저를 싫어할 것 같아요."

"사람들이 싫어하면 어떨 것 같은데요?"

"사람들이 저를 싫어한다면 저는 견디기 어려울 것 같아요."

C는 다른 사람들이 자신을 싫어할까 봐 자신의 '부담스러운' 감정을 받아들이지 못하고 있었다. 이른바 '~까 봐' 증상으로 인해서 자신의 감정을 받아들이지 못하고 있었다.

나는 C의 가족 관계를 물어봤다. C는 집에서 차별받는 아이였다. 부모님은 남동생만 예뻐했다. C는 부모의 사랑을 얻고자 부모님이 좋아할 만한 일을 하며 살아왔다. 이런 가족 배경을 가진 C는 부모뿐 아니라 다른 사람들이 좋아할 만한 일을 하며 다른 사람들의 욕구에 맞추는 삶을 살아왔다.

나는 C에게 "왜 사람들이 모이면 전체 분위기를 자신이 책임지려고 하지요?"라고 물었다. C는 자신도 모르게 사람들이 모이면 분위기를 책임지려는 마음을 갖게 된다. 부담스러운 감정은 책임을 지려는 마음 때문에 발생한다. 이는 어린 시절부터 부모에게 맞추며 살아온 삶에서 비롯됐다.

"그러게요. 나도 왜 그러는지 모르겠어요. 어린 시절부터 쭉 이런 역할만 하고 산 것 같아요"라고 했다. "맞아요. 나는 어렸을 때부터 집안의 분위기가 싸하면 마치 내 책임인 것 같았어요. 내가 분위기를 띄우지 않으면 부모님과 동생은 같은 편이고 나만 이방인 같았어요. 그래서 집안 분위기를 띄우기 위해 열심히 노력했는데 그렇게 하지 않으면 부모님이 나를 좋아할 것 같지 않았어요."

이 말을 하며 C는 많이 울었다. 한참을 울고 난 후 이렇게 말했다.

"맞아요. 나는 내가 힘들고 어려울 때 나 자신을 존중하지 않았어요. 그렇게 하면 안 되는 줄 알았어요. 내 힘든 마음은 무시했어요. 지금부터는 나를 존중하면서 살겠어요. 이제 부담스러우면 부담스럽다고 말하며 살고 싶어요."

C는 어린 시절 부모님을 기쁘게 해 드리려고 노력했던 자신을 봤다. 그리고 성인이 된 지금도 주변 사람들을 기쁘게 하기 위해 노력하고 있는 자신을 봤다. 그것이 자신이 부담스러워도 부담스러운 감정을 받아들이지 못하는 이유였음을 알게 됐다. C는 그렇게 살지 않아도 된다는 것을 알게 됐다. C는 이제 부정적 감정을 받아들일 준비가 됐다.

어떤 감정을 느끼든 감정 자체가 나쁜 것은 아니다. 부정적 감정이든 긍정적 감정이든 감정을 느끼게 된 이유가 있고 그 이유는 사람마다 다르다. 감정에 얽매여 왜곡된 삶을 살지 않으려면, 역설적으로 어떤 감정이든 환영해 주고 돌봐 줘야 한다.

부정적 감정일수록 표현하자

우리말에 "꾹꾹 눌러 참는다"라는 표현이 있다. 역사적으로 우리나라 사람들은 많이 참으며 살아왔다. 이렇게 꾹꾹 눌러 참다가 화는 분노로 바뀌고 슬픔은 서러움으로, 우울은 화병으로 바뀌었다. 참기 어려운 것들을 참느라고 우리는 마음의 평화를 잃어버렸다.

참으면 왜 마음의 평화를 잃어버릴까? 참는다는 말은 두 가지로 해석할 수 있다. 하나는 억압이고 다른 하나는 소화다.

억압이란 불편한 감정을 무의식 속으로 밀어 넣고 억지로 나오지 못하게 하는 심리적 기제다. 무의식 속에 쌓인 감정은 점차로 압력이 세진다. 이는 마치 군중이 모여서 폭도가 되는 이치와 같다. 예를 들어, 무의식 속에 쌓인 화는 밖으로 나오려는 충동성이 강해진다. 그래서 방어가 약해지면 분노가 돼서 폭발하게 된다.

우울증을 겪는 사람들은 이렇게 분노를 무의식 속에 저장하고 있다가 더 이상 참을 수 없을 때 폭발시킨다. 우울증의 영어 단어가 depression이다. 이때 de라는 접두사는 '떼다, 열다' 등의 의미다. '누른 것을 해제하다'라는 의미가 곧 depression이다. 억압된 분노가 해제되면서 폭발로 일어난다.

똑같이 참는 것이긴 하지만 소화는 억압과 완전히 다르다. 억압이 어두운 곳(무의식)으로 감정을 밀어 넣어 폭탄을 안고 사는 것이라면, 소화는 밝은 곳(의식)에 드러내어 사라지게 하는 것이다. 무조건 참는 것이 아니라 화가 났고 그럴 만했음을 인정해 주면서 스스로 진정되게 하는 것이다.

예를 들어, 화를 의식화하면 '화난 자신'을 만나게 된다. 그런데 화난 자신의 모습을 보는 것은 다들 싫어한다. 그래서 화난 자신을 밀어내려고 한다.

의식 속에 화를 붙잡아 두기 위해서는 두 가지가 필요하다. 하나는 내 미운 모습 인정하기고 다른 하나는 밀어내고 싶은 마음과 싸우기다.

싸우는 방법은 다음과 같다. 나도 모르게 화를 억압하는 사람들은 조용히 자신을 들여다보는 훈련이 필요하다. 이런 훈련을 하다 보면 화가 난 자신을 발견하게 된다. '그때 내가 화가 났었던 거고 그 일로 아직까지도 화가 나 있는 거구나'라고 자각하는 순간이 오게 된다. 이렇게 눌려 있던 화를 의식으로 끌어올리는 훈련을 자주 하다 보면 굳이 화를 억압하지 않게 된다.

화가 나지 않은 척하는 사람들은 사람들 앞에서 화가 난 자신을 인정하는 훈련이 필요하다. 다른 사람들에게 화가 났음을 알리는 행동, 말, 표정을 짓는다. 물론 이 경우에는 안전한 대상에게 해야 한다.

주의 돌리기 방법을 사용하는 사람들은 화가 났을 때 감정에 초점을 맞추는 훈련이 필요하다. 다른 일로 도망가서 감정에서 벗어나려 하지 말고 그 감정에 머물러 보는 것이다.

이렇게 의식 속에 붙잡아 둔 감정은 자연스럽게 표출된다. 말이든, 표정이든, 행동으로든. 표현된 감정은 충동성의 힘을 잃게 된다. 힘이 줄어들면 감정이 나에게 주는 메시지를 읽을 수 있게 된다. 감정의 홍수에서 벗어나 감정이 우리에게 보내는 신호를 읽을 수 있게 되는 것이다.

부정적 감정을 자연스럽게 표현하는 방법 중 가장 좋은 것은 '나 전달법(I-message)'이다. 보통 화가 나면 상대방을 주어로

해서 말하게 된다. "너 때문에 화가 났어. 너 때문에 미치겠어. 너 때문에 내가 못 살아" 등등. 화가 난 사람들은 자기감정의 주체가 자신이 아니라 상대방인 것처럼 말한다.

너를 주어로 해서 말하면 상대방은 어쩔 수 없이 대응하게 된다. 자신이 잘못했건 아니건 상관없이 비난을 받으니 화가 나서 방어를 하게 된다. 이렇게 되면 관계는 어려워진다.

그러나 나 전달법을 사용하면 상대방은 관계에서 자유로워진다. "나! 화났어"라고 하면 화가 난 주체가 '나'다. 상대방은 내 마음을 달랠 수도 있고 화가 풀리길 기다릴 수도 있다. 화가 난 나에게 관심을 갖고 왜 화가 났는지 물을 수도 있다. 이렇게 하면 둘 사이의 관계가 어려워지지 않으면서 나의 화난 감정을 표현할 수 있다.

회사원 D는 회사에서 억울한 일을 당했다. 상사가 자신이 하지도 않은 일을 책임지게 하는 일이 여러 번 있었다. 이 일로 인해서 D씨는 화가 많이 났지만 그 감정을 억압하고 상사에게는 언제나 상냥하게 대했다.

"아마 우리 부장님은 내가 화난지도 모를 거예요. 속으로는 화가 나지만 겉으로는 친절하게 하니까요."

"그럴 때 전반적으로 어떤 기분이 드나요?"

"처음에는 몰랐는데 자꾸 그런 일을 겪다 보니 무기력해지는 것 같아요. 억울한 일을 당하고도 아무 말 못하고 게다가 부장님한테 친절하게 하면서 전 차츰 무기력해지고 있어요."

D의 무기력은 화로 인해서 생기는 감정이다. 무의식 속에 억압된 화는 충동성이 큰 에너지인데 이를 표현하지 못하고 참으려니 무기력해지는 것이다. 나는 D에게 어떤 충동이 있는지를 알아보는 질문을 했다.

"혹시 요즘 어디론가 떠나고 싶거나 회사에 나가기 싫거나 뭔가를 확 저질러 버리고 싶은 마음이 드나요?"

질문을 받은 D는 당황했다. 얼굴이 빨개지면서 어쩔 줄 몰라 하는 표정을 지었다. 나는 D의 얼굴이 평상시처럼 돌아오기를 기다렸다.

"선생님, 어떻게 아셨어요? 제 마음을 들킨 것 같아 당황스러워요."

"화가 나는데 참고만 있으려니 힘들지요. 억압을 한다고 화가 없어지는 것이 아닙니다. 무의식에 밀어 넣어진 화는 엄청난 에너지를 가지고 있어요. 그 에너지를 풀어 줍시다. 그동안 얼마나 억울하고 화가 났나요? 그 감정을 표현해 보세요."

D는 감정을 잘 표현하지 못했다.

"억울하고 화가 나는데 왜 표현하지 못하나요?"

"화를 내면 내가 나쁜 사람 같잖아요. 그리고 못생겨 보이잖아요."

"당신만 그런 게 아니고 언성을 높이고 얼굴을 붉히며 화를 내면 누구나 못생겨 보이고 나쁜 사람 같아 보입니다."

D의 표정이 밝아졌다.

"그렇군요. 나만 그런 게 아니군요. 다른 사람들도 못생겨 보이고 나쁜 사람 같아 보이는군요."

D의 얼굴에 점점 생기가 돌더니 자신이 얼마나 억울한지 얘기하기 시작했다. 언성을 높이며 흥분도 하고 억울하게 뒤집어씌운 부장에 대해서 험한 말도 했다. 이렇게 한참을 하고 나서 D는 속이 후련하다고 했다.

"나는 평생에 이런 말을 못할 줄 알았는데 말을 하고 나니까 속이 다 후련하네요. 기분이 점점 좋아져요."

이렇게 몇 번을 더 만난 뒤에 D는 무기력한 감정에서 벗어날 수 있었다.

상담을 마치고 몇 주 후, D는 다시 나를 찾아왔다. 이번에는 화가 난 상태로 나에게 물었다.

"선생님, 제 마음이 편해지기는 했는데 여전히 부장님이 나한테 덮어씌우기를 해요. 이제 어떻게 하면 관계를 해치지 않으면서 부장님에게 제 마음을 표현할 수 있을까요?"

나는 D에게 실제 생활에서 부정적 감정을 표현할 때 고려해야 할 세 가지 사항을 일러 주었다.

첫 번째로 상대방의 인격이다. 아무리 순화해서 말하더라도 부정적 감정 자체를 받아들이지 못하는 사람들이 있다. 이들은 인격적으로 미성숙하거나 병리적 경향을 가지고 있는 사람들이다.

아이처럼 미성숙한 사람은 상대방이 자기 마음 같지 않으면 화를 낸다. 이런 사람들에게 부정적 감정을 표현하면 자신을 싫어한다고 오해한다. 결국 관계를 파국으로 이끈다.

병리적인 사람들은 부정적 감정을 표현하면 자신에게 도전하거나 자신을 미워한다고 생각한다. 도전한다고 생각하는 사람은 자기애적인 사람들이고, 미워한다고 생각하는 사람은 경계선 성격을 가진 사람들이다. 자기애적인 사람은 자기가 하는 일이 잘못되었다는 지적을 받아들이지 못한다. 실수나 잘못을 지적한 사람에게 원한을 갖거나 보복 심리로 괴롭히는 경우가 많다. 경계선 성격을 가진 사람은 네 편, 내 편을 가르는 유형의 사람으로 자신의 잘못을 지적하면 자기편이 아니라 생각하고 싫어하거나 멀리한다.

이런 사람들에게는 부정적 감정 자체를 표현하기 어렵다. 상대방이 이런 유형에 속한다면 얘기를 하지 않는 것이 낫다.

두 번째는 두 사람 사이의 관계다. 평소 관계가 부정적 감정을 표현해도 소화할 만한 관계인지를 살펴야 한다. 평상시 긍정적 표현만 하는 관계라면 부정적 감정의 표현은 새로운 관계로의 진전이다. 이를 위해서는 사전에 많은 작업이 필요하다. 먼저 강도가 약한 것부터 시작해서 어느 정도까지 부정적 감정을 표현할 수 있는지 알아야 한다. 그래서 두 사람의 관계에서 받아들여질 수 있는 부정적 감정 표현의 수위나 방식들을 서로가 인지하고 있어야 한다. 그러지 않으면 부정적 감정을 표현하고 나서 관계가 어려워질 수 있다.

세 번째로 나 자신의 상태다. 부정적 감정의 표현이 혹시 복수가 목적인지 아니면 자신을 표현하기 위한 수단인지 아니면 관계의 발전을 위한 목적인지를 분명히 해야 한다.

복수가 목적이라면 표현하지 말아야 한다. 복수를 하려다가 더 큰 화를 당할 수 있다.

자신을 표현하기 위한 감정 표현은 하고 나면 마음이 편안해진다. 그러나 이때도 상대방이 내 마음을 편안하게 해 줄 의사가 있을 때 소기의 성과를 거둘 수 있다. 그렇지 않으면 오해를 살 수 있다.

관계를 발전시키기 위한 목적으로 감정을 표현하는 것은 언제든 좋다. 그러나 이 경우에도 몇 가지 사전 정지 작업이 필요하다.

첫째, 부정적 감정을 표현하고 싶은 이유를 설명하는 것이다. 관계를 발전시키고 싶어 부정적 감정을 표현하는 것임을 분명히 해 둬야 한다.

둘째, 부정적 감정을 표현하기 전 먼저 긍정적 얘기를 한다. 상대방에 대한 고마운 마음을 먼저 말함으로써 긍정적인 분위기를 형성하고 긴장을 풀 수 있도록 한다.

셋째, 부정적 감정은 과거 형태로 표현하는 것이 바람직하다. 화가 난 상태에서 바로 상대방에게 감정을 표현하면 관계가 악화될 가능성이 많다. 그래서 화를 소화하고 난 다음에 자신의 감정을 표현하는 것이 좋다.

넷째, 부정적 감정을 표현하는 과정에서 내가 깨달은 바를 말해야 한다. 내가 상대방의 의도를 이해하지 못한 부분은 무엇이었는지 그래서 어떤 기분이 들었는지 얘기하고 내 입장에서는 다르게 볼 수도 있음을 말해 줘야 한다. 이렇게 하지 않으면 상대방은 나의 입장을 알 수 없다.

부정적 감정을 표현하게 되면 두 사람은 한 차원 높은 새로운 관계를 갖게 된다. 부정적 감정을 자유롭게 표현할 수 있으면 서로에 대한 불안감이나 두려움이 사라진다. 그래서 아주 친밀한 관계로 갈 가능성이 높아진다. 서로에 대해서 더 믿을 수 있는 관계가 된다. 부정적 감정을 표현하고 받아들일 수 있으면 두 사람의 인격도 성숙해진다.

내 감정의 원인을 다른 사람에게 돌리지 말자

상담을 하면서 자신의 감정이 상대방 책임이라고 주장하는 사람들을 많이 본다. 부인에게 자주 화를 내는 N도 그런 사람이다.

N은 회사에서 기분 나쁜 일이 생기면 아내에게 화를 내곤 했다. 부인과의 갈등이 심해져 상담을 받게 됐다.

"집사람은 도대체 왜 그러는지 모르겠어요. 하는 일마다 나를 화나게 해요."

"네, 화가 많이 나셨군요. 한두 번도 아니라니 힘드셨겠습니다."

내가 N의 화난 마음을 충분히 공감해 주자 화가 어느 정도 풀린 N은 자신을 바라볼 수 있게 됐다.

"선생님, 그런데요. 나는 왜 이렇게 화가 자주 날까요?"

"정말 좋은 질문을 해 주셨어요. 언제 이 질문이 나올까를 기다렸거든요. 이렇게 질문을 해 주시니 이제 화라는 감정과 자신과의 관계를 얘기할 때가 된 것 같네요. 언제 화가 나세요?"

"아내가 거슬리는 말을 할 때 화가 나지요."

"아내가 거슬리는 말을 한다고 해도 왜 그렇게 화가 많이 나는 걸까요?"

"피곤하고 힘들 때 주로 화가 많이 나요. 마음이 편안할 때는 그렇게 화가 안 나는 것 같네요."

"그러면 화가 많이 나는 것은 본인이 힘들고 기분이 좋지 않을 때군요. 부인의 말이 거슬려서 화가 나는 것이 아니라 내가 힘들어서, 기분이 좋지 않아서 화가 나는 거네요?"

"아니죠, 내가 피곤한데 집사람이 화나게 만드니까 화를 내는 거죠."

"네, 피곤한데 누구라도 거슬리게 하면 화가 나지요. 그런데 부인이 거슬리는 말을 해도 본인의 마음이 편안하면 화가 안 난다고 했는데 맞지요?"

"그렇죠. 내 마음이 편하면 좀 거슬려도 화가 별로 안 나지요."

"그러면 화는 부인과 상관없는 내 감정인 거네요?"

"그렇게 되나요? 아내 때문이 아니라 내 감정, 내 기분 때문에 화를 낸 거였다고요? 맞는 말 같기도 한데 뭔가 좀 이상한데요."

"네, 이상하다고 느끼실 만하죠. 지금까지 부인 때문에 화가 나는 줄 알았는데 본인 때문에 화가 났다는 걸 받아들이기는 힘든 거죠."

잠시 후 N이 말했다.

"아내 탓이 아니라 내 탓이라는 말이죠? 그래요. 화는 내 감정이 맞습니다. 아내에게 조금 미안한 마음이 드네요."

상담이 몇 차례 더 진행되며 화가 자신의 감정이라고 분명하게 인식하게 된 N은 아내에게 미안함을 느끼게 되었고 아내와의 관계가 부드러워졌다.

"아내 때문에 화가 나는 줄 알았다가 오히려 나 때문인 것을 알고 나서 아내와의 사이가 많이 좋아졌습니다. 상담하기를 참 잘한 것 같아요."

감정을 자신의 것이라고만 받아들여도 이렇게 큰 변화가 있다.

남편 때문에 억울해서 못 살겠다며 언젠가는 복수를 할 것이라 얘기하는 K의 이야기도 있다. K는 남편이 자신에게 돈을 흥청망청 쓴다고 얘기하는 것이 너무 억울하다고 했다.

"남편은 생활비가 떨어졌다고 하면 그 돈을 어디에 다 썼느냐고 물어요. 생활비에 애들 학원비, 경조사비 등등 도대체 돈 쓸 곳이 얼마나 많아요. 나는 알뜰살뜰 가족을 위해 최선을 다 하고 있는데 그런 마음을 알아주지는 못할망정 돈 많이 쓴다고 화를 낸다니까요. 자기가 돈 좀 번다고 유세를 하며 치사하게 구는 거죠. 정말 치사해서 못 견디겠어요."

"그래요. 얼마나 억울하시겠어요. 남편이 내가 하지도 않은 일을 했다고 하니까."

"맞아요. 선생님, 제가 이렇게 억울해 하는 것이 당연하지요?"

마음을 알아주자 한결 기운이 난 K에게 내가 질문했다.

"혹시 저한테 어떤 도움을 받고 싶으세요?"

K는 잠시 머뭇거리다가 답했다.

"억울한 감정을 해결하고 싶어요."

"억울한 감정이 누구 것인가요?"

"남편 때문에 억울하잖아요. 괜히 나한테 트집을 잡는 것 같다니까요."

"억울한 감정이 누구 것인가요?"

"남편이 나를 그렇게 만들잖아요. 왜 선생님은 제가 하는 이야기를 못 알아들으세요?"

"억울한 감정이 누구 것인가요?"

"선생님, 억울해요. 왜 선생님은 내가 대답을 했는데 같은 질문만 하시나요?"

억울한 사람들에게는 이런 질문이 어렵다. K는 내 질문에 제대로 답을 하지 못하고 있다. 나는 K에게 억울한 감정이 누구의 것인지 소유를 묻고 있다. 그러나 K는 억울한 감정의 원인 제공자를 얘기하고 있다. 남편은 가해자고 자신은 피해자라는 사실만을 부각하려고 한다.

K는 억울함을 많이 느끼는 사람이다. 내가 K를 돕기 위해서 질문을 하는 것에도 억울함을 느낀다. 나는 이 점을 부각했다.

"내 질문에 대해서 억울함을 느끼시네요. 그렇다면 억울함을 자주 느끼시는 분이군요."

"저는 그렇게는 생각하지 못했는데……. 맞아요. 선생님, 저는 누군가 저를 비난하는 것 같으면 억울한 마음이 들어요."

"그러면 억울한 감정은 누구 것이에요?"

"억울한 감정은……. 제 것이네요."

말을 하면서 K의 목소리가 작아졌다. 그리고 울음도 그쳤다. K는 자신을 들여다보기 시작했다. 그리고 자신의 주 감정이 '억울함'이라는 사실을 깨달았다.

이 사실을 알아도 K의 억울한 느낌이 금방 사라지지는 않는다. 그렇지만 억울함을 느낄 때마다 화가 나고 서글프던 이차 감정은 줄어들었다. 억울한 감정을 자신의 것으로 받아들였기 때문이다.

감정을 내 것으로 받아들이면 귀중한 것들을 얻게 된다. 먼저 남의 인생이 아닌 내 인생을 살 수 있다. 가정과 일, 자신의 삶의 전 영역에서 자신의 감정을 존중하게 된다. 이에 따라 일과 생활의 균형을 잘 잡을 수 있게 돼 인간다운 삶을 살 수 있다.

두 번째로, 더 쉬운 삶을 살게 된다. 내 감정을 타인 탓으로 돌리면 많은 사람들과 다툼이 벌어진다. 어려운 길이다. 그러나 내가 내 감정에 책임을 지고 소화하면 상대방과 관계가 없다. 내자신을 바꾸면 그만이다. 감정을 조절할 수 있다면 이것이 가능해진다.

세 번째로, 감정을 조절하면 균형 있는 삶을 살 수 있다. 풍요로운 삶, 행복한 삶, 진지한 삶. 이런 삶은 모두 자기 조절과 관련이 있다. 절제를 할 줄 아는 사람들은 뭘 해도 잘할 수 있고 성공할 수 있다. 감정 조절은 승리하는 삶의 중요한 조건 중 하나다.

이분법적 표현보다 통합적 표현을 쓰자

성경에 "부드러운 혀는 뼈를 꺾는다"는 말이 있다. 부드러운 말이 뼈같이 단단한 마음도 녹인다는 의미다. 감정을 조절하는 데도 언어가 중요한 부분을 차지한다. 감정이 격화일로에 있을 때 누가 먼저 부드러운 표현을 하면 격앙된 감정도 가라앉는다.

감정을 증폭시키는 언어로는 극단적 언어, 당위적 언어, 이분법적 언어가 있으며, 치명적 약점 건드리기도 그중 하나이다. 이런 언어들만 조심해도 감정 조절은 상당 부분 성공한다. 그리고 관계도 많이 부드러워진다.

극단적 언어는 '항상, 언제나, 늘, 내 눈에 흙이 들어가기 전에는' 등과 같은 표현들이다.

예를 들어, 남편이 부인에게 "당신은 왜 맨날 실수를 하는 거야!"라고 말한다면 부인은 '실수'라는 말보다 '맨날'이라는 단어에 반응한다. 부인은 당장 반박하며 "내가 언제 맨날 실수를 했다고 그래! 어쩌다 한 번씩 하지"라고 되받아친다.

남편은 부인이 대화의 초점을 바꿔서 자신의 의도를 무시했다고 생각하고, 부인은 남편이 자신을 실수투성이로 여긴다고 생각한다. 두 사람은 서로 다른 생각을 하면서 화난 감정을 키우게 된다.

당위적 언어는 '반드시, 꼭, 분명히, 확실히, 두말할 여지없이, 하늘이 두 쪽이 나도' 등과 같은 표현들이다.

당위적 사고란 자신이 믿는 것이 너무나 당연한 현실이어서 남들도 그럴 것이라 믿고 이를 당장 실현시키고 싶어 하는 사고방식이다. 당위적 사고에는 타협의 여지가 없다. 자신이 믿는 대로 상대방이 행동해야만 한다. 당위적인 사람들은 상대방의 입장이나 상황을 고려하지 않는다. 일방적으로 자신의 생각을 상대방에게 밀어붙인다.

예를 들어, 부인이 남편에게 "당신, 내가 분명히 말해두는데 다시는 소리 지르지 마! 한 번만 더 소리를 지르면 그때는 당신과 끝장이야!"라고 말을 했다고 치자. 이 말을 들은 남편은 발끈

한다. "뭐야, 끝장? 끝장이라고? 다시 한 번 말해 봐! 그러니까 처음부터 나하고 살고 싶은 마음이 없었단 말이지!"라고 응수한다. 부인은 남편에게 다시는 소리 지르지 말라는 의도를 확실하게 전달하기 위해서 말한 건데, 남편은 부인의 의도보다는 끝장이라는 단어에 반응을 한다. 두 사람의 대화는 평행선을 달리면서 화를 증폭시킨다.

이렇듯 감정을 조절하는 데는 대화법이 큰 영향을 끼친다. 극단적 언어 대신 사실을 표현하는 단어를 쓰고 당위적인 말을 소망적인 말로 바꾸면 감정 조절이 쉬워진다.

예를 들어 "당신은 왜 늘 그 모양이야!"라고 극단적인 말을 하는 사람은 '늘'이라는 단어를 '지금'이나 '오늘' 같은 현재형으로 사용하면 감정 조절이 쉬워진다. "당신 오늘(지금) 실수했네." 라고 하는 것이다.

당위적 대화도 소망의 단어로 바꾸면 감정 조절이 쉬워진다. 부인이 남편에게 "내가 분명히 말하는데, 다시는 술 마시지 마!" 라고 말하는 대신 "나는 당신이 술을 마시지 않았으면 좋겠어" 라고 하는 것이다. 그러면 자신도 화가 덜 나고, 이 말을 듣는 상대방도 감정이 격해지지 않는다.

당위적으로 말하면 남편의 입장에서는 선택의 여지가 없다. 반면 소망을 담아 말하면 상대방에게 선택의 가능성을 열어 준다. 남편은 너그러운 마음으로 부인의 요구를 들어 줄 수 있는 입장이 된다. 궁지에 몰리지 않으면서 부인의 말을 들어 주는 관대한 사람이 된다. 남편의 자존심을 유지할 수 있게 된다.

소망을 담아 말을 하면 부인도 감정을 쉽게 조절할 수 있다. 부인이 정말 원하는 것은 화목한 가족이다. "당신이 술을 마시지 않고 일찍 들어왔으면 좋겠어. 당신이 애들하고 놀아 주면 우리 가족이 화목한 것 같아서 아주 좋아"라고 남편에게 선택권을 주는 표현을 하면 자신의 감정도 순화되고 자신이 정말 원하는 것도 인식하게 된다.

이분법적 사고를 가진 사람들은 모든 걸 좋고 나쁜 것으로 양분하기 때문에 감정 조절을 하기가 쉽지 않다.

부인과 다투던 남편이 이렇게 말했다. "나는 당신과 급이 달라. 어디서 나한테 함부로 하는 거야. 배워 먹지 못한 것이!" 남편은 자신이 많이 배운 사람이고 부인은 못 배운 사람이라는 이분법적인 말을 하고 있다. 이렇게 말하면 학력 콤플렉스가 있는 부인은 두고두고 남편을 미워하게 된다. 남편에게 사사건건 보복을 할 것이고, 그렇게 되면 남편은 더욱 자신의 우월함을 내세워서 부인을 제압하려 할 것이다. 보복과 제압, 분노의 악순환에 들어가게 된다.

감정 조절을 위해서는 통합의 단어를 사용하는 것이 바람직하다. 흑과 백 사이에 회색이 있음을 인정하는 단어다. 예를 들어 "너와 나는 급이 달라!"라는 말은 너와 나는 다른 세상에 사는 사람이라는 뜻이 되지만 "너와 나는 생각의 차이가 있는 것 같아"라고 표현하면 같은 세상에 있되 정도 차이가 있다는 말이 된다. 남편이 부인에게 "못 배운 것이!"라고 말하면 이분법적 표현이 되지만 "당신은 그쪽 분야는 잘 모르잖아"라고 한다면 통합적 표현이 된다. 부인 입장에서는 가능성을 열어 주는 말이다. 이처럼 단어 하나가 말을 하고 듣는 사람 모두에게 큰 영향을 미친다.

감정이 주는 신호를 알아차리자

"선생님, 참 심심해요. 옛날이 그리워요."

많은 내담자들이 자신이 겪고 있던 증상으로부터 해방되고 나면 공통적으로 하는 말이다. 증상이 있을 때는 신호가 격렬하기 때문에 금방 집중이 되고 신경이 많이 쓰이는데 증상이 해결되면 편안하고 쉬워진다. 그래서 밋밋하고 심심한 느낌이 들 수도 있다.

감정은 우리에게 신체적, 정신적으로 여러 모양의 신호를 보낸다. 보통 격분하면 자신이 격분했음을 알 수 있는데 이는 신호가 강렬하기 때문이다. 신체적인 신호는 금방 파악이 되지만 정신적으로 보내는 신호는 예민하게 신경을 써야 파악이 된다. 다음에 설명하는 내 몸과 마음에 나타나는 신호를 잘 캐치하면 내 감정을 더 잘 알 수 있게 된다.

두려워하는 사람들은 다른 사람 뒤로 숨고 싶어 한다. 숨는 행동은 그 범주가 다양하다. 남성들은 직책, 지위 같은 사회적 위치 뒤에 숨는다. 여성들은 엄마, 아내, 며느리와 같은 역할 뒤에 숨는다. 두려워하는 사람들은 자리에 앉을 때도 눈에 잘 띄지 않는 곳을 선호한다. 기둥 뒤나 구석에 앉는다.

감정을 드러내지 않은 채 생각을 말하는 것도 자신을 숨기는 방법이다. 앞서 설명한 주지화의 방어 기제다. 감정을 드러내면 상처를 받을까 봐 두려워서 객관적 사실만 이야기한다. 만나면 그동안 있었던 사건만 얘기하는 사람들이 있다. 사건을 말하면 자신에 관한 얘기는 하지 않아도 되기 때문이다.

사람들과의 관계에서는 자신보다 더 잘하는 사람 뒤에 숨는다. 식당 하나를 선택하는 것부터 누가 먼저 얘기할 것인지 등등……. 무슨 일을 할 때 잘하는 사람을 내세우며 자신이 초점이 되는 것을 피하려고 한다.

외로운 사람들은 행동이 느리다. 말도 천천히 하고 작은 소리로 말해서 상대방이 자신에게 주의를 기울이도록 만든다. 몸의 움직임도 작게 해서 불쌍한 감정을 불러일으킨다. 또 누군가가 조금만 건드려도 금방 울 것 같은 불쌍한 표정을 짓는다.

반대로 외로운 사람들 중 씩씩하게 행동하는 사람들도 있다. 이런 사람들은 말을 지나치게 분명하게 해서 상대방이 멀어지게 만든다. 즉 자신을 더욱 외롭게 만든다. 본인은 분명하게 말을 해서 상대방에게 어필하려고 하지만 정반대의 결과를 초래한다. 이런 사람 중에 화장을 하지 않는 경우도 많다. 머리도 주로 생머리 형태를 취한다. 이렇게 함으로써 자신은 아무것도 꾸미지 않는 사람이라고, 씩씩한 사람이라고 말한다.

부끄러워하는 사람들은 주로 신체화 증상을 많이 나타낸다. 자주 얼굴이 붉어지고, 감정이 건드려지는 말을 들으면 얼굴과 몸이 경직된다. 옷차림도 뭔가 어울리지 않는 경우가 자주 있다. 그래서 다른 사람들에게 어색한 느낌을 준다. 여성의 경우는 화장을 너무 진하게 하기도 한다. 때로는 성형 수술로 화장을 대체하기도 한다. 겉모양을 바꿈으로써 자신의 부끄러움이나 부족한 부분을 메우려고 한다.

그런데 이런 부정적 감정들도 역으로 생각하면 우리를 성숙시키는 자원이 될 수 있다.

짜증이 자주 나는 사람들은 인내심이 많은 사람이고, 화가 자주 나는 사람들은 에너지가 많은 사람이다. 우울한 사람들은 이상이 높은 사람이며, 두려워하는 사람들은 보호 본능이 뛰어난 사람이다. 의심이 많은 사람들은 이해력이 높은 사람이고, 강박적인 사람들은 실천력이 뛰어난 사람이다.

부정적 감정들이 주는 메시지를 잘 읽으면 자신의 강점과 자원들을 발견할 수 있다. 우리에게 익숙한 감정들이 우리가 누구인지를 말해 준다.

예를 들어 우울한 감정이 찾아왔다고 하자. 우울한 감정은 불가능한 것을 추구하고 있다는 메시지다.

어떤 부인의 얘기다. 심한 우울증을 겪고 있는 부인은 남편을 몹시 미워하고 있었다. 남편이 하는 행동 하나하나가 마음에 들지 않았다.

"남편이 찌질이 같아서 너무 싫어요. 남편은 싸우면 삐치거든요. 나는 여자니까 삐친다고 하지만 남편은 남자잖아요. 어떻게 남자가 여자가 몇 마디 했다고 그렇게 삐치느냐고요. 남편이 삐칠 때마다 미워 죽겠어요. 남편은 정말 쪼다예요. 그래서 누구를 의지하고 살아야 할지 막막해요."

나는 부인의 억울하고 슬픈 마음을 마음껏 표현하도록 했다. 그리고 이런 감정들로부터 어느 정도 자유로워지고 나서 대화를 시작했다.

"사람이 싸웠는데 어떻게 의젓할 수가 있나요?"

부인은 이 질문을 힘들어했다. 그러나 감정을 추스르고 난 뒤라 내 말의 의미를 곱씹듯이 생각했고, 일주일 후에 와서 자신의 깨달음을 얘기했다.

"선생님, 제가 너무 불가능한 것을 남편에게 기대하고 있었네요. 어떻게 그런 불가능한 기대를 하고 있다는 사실을 몰랐을까요? 이제 제가 잠에서 깨어난 것 같아요. 참 내가 한심하게 느껴져요. 슬프기는 하지만 마음이 무겁거나 암울하지는 않네요. 이제 마음이 좀 후련해요."

부인은 이제 우울이 주는 메시지를 깨달았다. 자신이 불가능에 도전하고 있었다는 사실을……

이렇게 감정이 주는 메시지를 이해하면 압도적인 감정을 경험한다 하더라도 길을 잃지 않을 수 있다. 인간으로 이 세상을 사는 한 우리는 부정적인 감정을 경험하지 않을 수 없다. 그러나 감정을 경험하는 것과 자신을 잃어버리는 것은 별개의 문제다. 다양한 감정을 경험하면서 풍요로운 삶을 살려면 감정들이 주는 메시지들을 잘 읽어야 한다.

감정 조절의 7단계를 훈련하자

앞서 우리는 감정을 조절하기 위한 7단계에 대해 다뤘다. 이를 잘 이해하고 익힌다면 우리는 훨씬 더 수월하게 감정 조절을 할 수 있을 것이다.

예를 들어, 누군가 내 심기를 건드린다고 하자. 맨 먼저 겪는 느낌은 거슬림일 것이다. 거슬림은 화가 약하게 났을 때 생기는 감정이다. 이를 알아차리는 사람들은 1단계의 감정 조절에 성공한 사람들이다. 1단계를 놓치면 그만큼 감정 조절을 하는 데 시간도 더 걸리고 더 많은 에너지를 필요로 한다.

거슬리는 감정을 알아차리고 화난 감정을 표현해 보면(2단계 표현하기) 자신이 무엇을 원하는지 알 수 있다. 3단계인 자신의 주제를 발견하게 된다.

거슬린다는 말은 자신이 생각하기에 그렇게 하면 안 된다는 의미다. 즉 내가 생각하는 당위적 현실이 있다는 얘기다. 만일 거슬리는 감정이 억울함에서 나온다면 이 사람은 억울한 삶을 살아왔다는 의미다. 억울한 삶을 산 사람들은 "세상은 평등해야만 해"라는 당위적 현실을 원한다. 그게 불가능하다는 걸 알면서도 차별이 없는 세상을 꿈꾼다.

억울한 사람들은 차별을 인정하고 받아들이는 연습이 필요하다. 그러려면 자신이 그토록 원하는 평등한 세상을 억울함 때문에 추구하게 됐음을 이해해야 한다. 4단계 자신을 깊이 이해하는 단계이다. 아울러 자신도 차별하는 마음을 가졌음을 인식할 필요가 있다. 자신은 정의로운 평등을 추구하며 산다고 생각했지만, 자신 역시 평등이라는 이름으로 사람들을 차별해왔음을 받아들이는 것이다. 5단계 수용하기다.

그런 다음엔 자신이 원하는 완벽히 평등한 세상이란 불가능하고, 자신도 자신이 원하는 이상적 사람이 아니라는 것을 받아들이는 단계가 남아 있다. 즉, 자기와의 싸움이다. 6단계의 이 싸움에서 승리하려면 그동안의 자신을 뛰어넘어야 한다. 초월이 없이는 새로운 사람으로 거듭나기 어렵다.

그리고 이 승리가 계속 유지되려면 그에 걸맞은 새로운 가치관이 필요하다(7단계 새로운 가치관).

감정 조절의 일곱 단계. 이를 자유자재로 구사하면 어떤 감정이 와도 휩쓸리지 않고 감정이 전하는 메시지를 읽으며 성장하게 된다. 우리를 불편하게 했던 감정은 우리를 성장시키는 통로가 된다.

자신이 작은 존재임을 인정하자

상담을 하면서 명문교 신드롬을 가진 사람들을 많이 만났다. 중고교 시절 촉망받던 학생들이 소위 명문고나 명문대에 진학한 후 여러 증상에 시달리는 것이다. 특히 본인의 머리가 나쁘다고 호소하는 학생들이 많았다.

명문대생들이 머리가 나쁘다고 호소하는 이유가 뭔지 알아봤다. 이들은 모두 중고교 때 톱을 달리던 학생들이었다. 그러나 명문대에 진학한 뒤 중고교 때처럼 1등을 하지 못하자 머리가 나빠서 성적이 나오지 않는다고 생각한 것이다.

나는 지능 검사를 해 봤다. 학생들은 한결같이 IQ가 130 이상이었다. 어떤 학생은 거의 150에 육박했다. 그럼에도 불구하고 여전히 머리가 나쁘다고 호소했는데 이는 인지적 능력 때문이 아니었다. 모두 정서적 열등감에 시달리고 있었다.

그럴 수밖에 없는 것이 이들은 한결같이 우월감을 갖고 있었다. 그런데 능력이 뛰어난 집단에 자신보다 잘난 사람들이 많다 보니 우월감이 열등감으로 변화된 것이다.

우월감이나 열등감은 우리를 피폐하게 한다. 어떻게 하면 우월감이나 열등감으로부터 자유로울 수 있을까? 이를 위해서는 승자와 패자, 즉 경쟁의 구도가 아닌 근본적으로 다른 관점의 생각이 필요하다. 비교의 축을 벗어나기 위해 인간이 어떤 존재인지 인식할 필요가 있다.

'우리는 왜 이토록 끊임없이 경쟁하는가?'

이 질문에 대한 답은 의외로 간단하다. 우리는 작은 존재다. 작은 존재들은 끊임없이 자신이 상대방보다 더 큰 존재임을 주장하려고 경쟁하게 된다. 마치 제 나이가 한 살 더 많다고 서로 주장하는 아이들과 같다. 어른들도 돈, 지위, 명예, 인기 등과 같은 사회적 수단을 가지고 "내가 너보다 더 큰 존재야! 왜 내 말을 듣지 않는 거야!"라고 고함을 친다.

우리가 작은 존재임을 인정하고 이를 받아들이면 비교 축에서 벗어날 수 있다. 작은 존재임을 인정하면 커지려는 경쟁이 필요 없다. 경쟁해서 우위를 점하고 이를 통해서 상대방을 지배하려는 노력들이 무의미해진다. 작기 때문에 경쟁이 아닌 협력이 필요하다.

인간이 하는 많은 일은 자신이 큰 존재임을 증명하려는 것으로, 실은 무의미한 노력이다. 이런 노력의 무의미함을 깨닫는 것은 아주 중요하다. 불필요한 곳에 에너지를 쏟아붓고 있음을 인식할 수 있기 때문이다. 무엇보다 이것을 깨닫게 되면 우리는 열등감과 우월감으로부터 벗어날 수 있다. 경쟁으로부터 자유로워지고 비교를 하지 않아도 된다. 모두 편안하고 안정된 마음으로 서로를 돌보며 협력하며 살 수 있다.

나는 경쟁에서 패자가 된 내담자들을 많이 만났다. 이들은 공통적으로 우울 증상을 가지고 온다. 이들의 우울 감정에는 "나는 쓸모없는 존재"라는 메시지가 들어 있다. 이들과의 대화는 누구와 해도 비슷했다. 자신이 쓸모없는 존재라는 생각으로 가득 차 우울해 있는 이들에게 질문했다.

"쓸모없는 존재는 어떤 존재인가요?"

"아무리 노력해도 내가 생각하는 큰 인물이 되지 못하니 쓸모없는 존재인 거죠."

큰 존재를 상정해 놓고 그런 인물이 되지 못하면 쓸모없는 존재라고 생각하는 것이다. 이들은 모두 비교 축에서 우위를 점하려고 하는 사람들이다.

"자신의 모습이 어떻다고 생각하세요?"

"작고 보잘것없고 형편없어요."

"왜 작고 보잘것없나요?"

"영어도 못하고 수학도 못하고 리더십도 부족하고 잘하는 게 없으니까요."

이들은 모두 무엇인가를 해서 자신이 큰 존재임을 증명하려고 한다.

나는 "존재와 일을 구분하라"고 말해 준다. 일이란 존재를 증명하는 것이 아니라, 존재가 살기 위해서 필요로 하는 것이다.

현대 사회는 쓸모를 강조한다. 학교에서도 직장에서도 "쓸모 있는 사람이 되자"고 외친다. 정말 그게 다일까? 노부인이 정신이 오락가락해지면서 밥을 태우고, 음식 간을 못 맞추게 됐다. 그는 "나는 쓸모없는 존재"라고 자책하며 우울감에 빠졌다. 그런데 정말 쓸모가 없으면 존재 자체도 의미 없어지는 걸까? 인간은 쓸모 그 이상의 의미를 갖는 존재다.

인간 존재에 대해 이런 점들을 알게 되면서 내담자들은 존재에 대한 새로운 시각을 갖게 된다. 그러면서 경쟁으로부터 자유로워진다. 다른 사람들과 경쟁하지 않고 자신이 원하는 것을 하면서 살 수 있는 기초를 갖게 된다.

할 수 있는 것과 없는 것을 구분하자

인간은 유한한 존재다. 인간의 능력에는 한계가 있다. 그러나 우리는 불편한 감정이 생기면 한계가 없는 것처럼 행동한다.

화는 자신이 전능한 하나님처럼 행동하려는 감정이다. 화가 나면 나만 옳고 상대방은 틀렸다고 생각한다. 그래서 상대방이 내가 원하는 대로 행동하기를 원한다.

우울한 사람들은 불가능한 것들을 하려고 한다. 자신이 원하는 게 불가능하다는 것을 인식하지 못한다.

슬픈 사람들은 현실을 인정하면서도 자신이 원하는 것들이 이뤄지기를 바란다. 편집적인 사람들은 이 세상에서 의심할 것이 없는 완전한 믿음의 세상을 바란다.

강박적인 사람들은 조금도 해가 없는 세상을 바란다. 불안한 사람들은 미래에 무슨 일이 일어날지 분명하고 확실하게 알기를 원한다.

이렇듯 감정이 부정적이 되면 인간은 끊임없이 한계가 없는 세상, 즉 불가능한 것들을 꿈꾸게 된다. 감정 조절을 잘하려면 자신이 할 수 있는 것과 없는 것을 구분할 수 있어야 한다. 자신의 한계를 겸허히 받아들일 수 있어야 한다.

디자이너 H는 직속 상사에게 화가 많이 나 있었다. 능력도 없는 부장이 자신의 디자인을 트집 잡으며 계속 다시 하라고 하는데 미치겠다고 했다. 부장이 미워서 회사에 가기도 싫고 디자인을 보여줄 때마다 마음이 힘들어서 우울하다고 호소했다.

나는 먼저 H가 회사를 얼마나 아끼는지로 대화를 시작했다. 그러자 H는 처음 입사했을 때는 능력을 발휘해서 회사를 발전시키고 자신의 커리어도 쌓을 계획이었다고 신이 나서 얘기했다. 그런데 부장과의 관계 때문에 자신의 앞길이 어려워질 것 같다고 걱정했다. 이야기를 하며 H는 때로 흥분해서 부장에 대해 험한 말을 하기도 하고 때로 스스로를 불쌍해하며 울기도 했다.

충분한 공감 후에 나는 H에게 질문을 던졌다.

"상사가 되려면 어떤 조건이 필요한 것 같은가요?"

"무엇보다도 능력이 있어야 되죠."

"능력만 있으면 상사가 되는 건가요?"

H는 잠시 머뭇거렸다.

"다른 것도 필요할 것 같아요."

"상사가 되는 데 필요한 다른 것은 뭔가요?"

"인화력도 있어야 하고 부서 간의 조정력도 필요하겠네요. 그리고 기타 등등……."

"그러면 현재 상사는 어떤가요?"

H는 약간 머쓱해 하면서 대답했다.

"현재 상사는 다른 직원들하고는 잘 지내요. 그리고 윗분들하고도 사이가 좋고요. 그런데 나하고만 안 좋은 것 같아요."

"이렇게 대답을 하고 나니 기분이 어떠세요?"

"조금 씁쓸하네요. 나는 내가 확실하게 옳은 줄 알았는데 생각해 보니 꼭 그런 것만은 아니었네요."

나는 H가 한 단계 성장하고 있다는 생각이 들었다. H는 자신이 옳다는 주장이 자신의 입장에서만 옳다는 점을 알게 됐고, 상사에게는 능력만이 아닌 다른 것들도 필요하다는 점을 인정하게 됐다. H는 자신이 잘할 수 있는 것과 없는 것을 알게 됐다. 즉 자신의 한계를 알게 됐고 받아들였다. 이로써 H의 분노는 줄어들었고 그동안의 삶과는 다른 삶을 살 준비가 됐다.

우울한 사람들은 자신의 생각이 얼마나 불가능한 건지 깨달아야 한다. 내가 만난 중년의 부인 N은 남편과 '알콩달콩', '아기자기'하게 살고 싶어 했다. 결혼 전부터 이런 꿈을 꿨지만, 신혼 때부터 싸우기 시작해서 지금도 여전히 싸운다.

N은 자신의 소망을 좌절시키는 남편을 몹시 미워했고 우울해했다. 그러면서도 여전히 남편과 '알콩달콩'을 꿈꾸고 있다. 전혀 현실성이 없는 자신만의 생각에 갇혀 있었다. 내가 이런 점을 직면하게 하자 화를 냈다.

"아니, 내가 가진 생각은 누구나 꿈꾸는 거잖아요. 왜 내 생각이 불가능한 거라고 하세요?"

"네, 화가 나시죠. 꿈꾸는 것이 현실화되지 않으니 많이 속상하시죠?"

"그럼 화가 안 나겠어요?"

"꼭 이루길 바라는 것이 있는데 그것이 안 될 때 얼마나 괴롭고 좌절감을 느끼게 되겠습니까?"

나는 우선 부인의 화난 마음을 받아 주고, 충분히 공감해 줬다.

상담 과정에서 부인은 많이 울었다. 그리고 난 뒤에야 말했다.

"맞아요, 선생님. 우리는 알콩달콩이 안 돼요. 그런데도 이 꿈을 포기하기가 이렇게도 어렵네요."

부인은 자신의 현실을 직시하기 시작했다. 부부간에 알콩달콩, 아기자기하게 사는 것이 가능한 사람들도 많지만 자신의 현실에서는 이런 삶이 가능하지 않음을 인정하기 시작했다. 지금까지 자신의 삶이 아닌 다른 사람의 삶을 살려고 발버둥을 치고 있었음을 알았다. 자신의 현실을 보기 싫어서 알콩달콩 천국으로 피하고 있었음을 깨달았다.

나는 부인이 자신의 현실을 잘 살아갈 수 있도록 안내했다. 쉽지는 않았지만 부인은 현실을 받아들이며 자신의 삶을 살아가기 시작했다.

냉소적인 사람들은 부당함이 없는 세상을 꿈꾸며 사는 사람들이다. 그래서 권위자들과 갈등을 빚는다. 권위자들을 비아냥거리거나, 이들의 부당함을 만천하에 알리는 행동들을 하게 된다. 이들은 어린 시절부터 윗사람들(부모)로부터 부당한 대우를 받았거나 혼이 많이 난 사람들이다. 자신이 원하는 것을 윗사람이 들어 주지 않아서 화가 난 사람들이다.

연구원 R은 팀장과 갈등이 있다. 팀장인 고 박사에 대해 못마땅한 마음을 갖고 있었다. R씨의 주된 호소는 고 박사가 뭐든 자기 마음대로 한다는 것이었다. 그러면서 R은 아주 냉소적으로 "자기가 박사면 박사지 제 마음대로 다 할 거면 뭐 하러 나를 이 팀에 집어넣은 거야! 에이 신경질 나! 박사들은 꼭 저렇게 자기 생각만 옳다고 한단 말이야"라고 했다.

나는 R의 이런 냉소적 태도가 어디서 왔는지 알기 위해 가족사를 알아봤다. R씨는 엄한 아버지 밑에서 성장했다. 아버지는 옳다고 믿으면 호통을 쳐서라도 R이 따르도록 했다. R은 청소년이 되면서 자신의 의견을 묻지도 않고 일방적으로 밀어붙이는 아버지와 대화를 해 보려고 많은 노력을 했다. 애교도 부리고 호소도 해 봤지만 아버지는 "인생 경험이 많은 아버지 말을 따르는 게 맞는다"는 얘기만 했다. 그 뒤로 R씨는 아버지와 대화할 때 한 번씩 비꼬는 말을 하곤 했다.

나는 R이 얼마나 아버지와 대화를 하고 싶었는지에 대해 충분히 공감해 줬다. 나의 공감이 R에게는 자신이 얼마나 아버지와의 깊은 만남을 원하고 있었는지를 알아주는 첫 경험이었다. R은 많이 울었다. 한참을 울고 난 뒤 R은 아버지가 그런 생각을 굳히기까지 얼마나 힘든 삶을 살아왔는지 이해하기 시작했다. 마찬가지로 고 박사에 대해서도 박사가 되기 위해 얼마나 많은 노력을 했는지 인정하게 됐다.

R은 한쪽 면만을 보고 불가능한 것을 꿈꿨던 자신의 모습을 인식하게 됐다. R은 그토록 원했던 아버지와의 대화가 좌절되면서 이상적 세상, 즉 권위자가 없는 세상을 꿈꿨다. 윗사람 아랫사람 구분 없이 모든 사람들이 평등하게 대화를 하는 세상을 꿈꿨

다. 그러나 그것은 불가능한 일이었다. 이 점을 깨달으면서 R씨는 좌절감 때문에 냉소적이 됐음을 인식하게 됐다.

R의 마음속에서 아버지와 고 박사는 같은 사람이었다. R은 이들을 비꼬는 냉소적 세상에서 살고 있었다. 냉소적 세상에는 따뜻한 대화나 마음을 어루만지는 대화가 없다. R은 냉소적 세상이 전부인 줄 알다가 상담을 받으면서 다른 세상, 즉 이해하고 인정하는 세상이 있음을 알게 됐다.

R은 고 박사에게 "박사님과 회의를 하면서 의견이 받아들여지지 않으면 쉽게 좌절감을 느낍니다"라고 고백했다. 그러자 고 박사는 뜻밖의 말을 했다. "R의 아이디어가 좋다고 생각했지만 R씨의 태도 때문에 받아들이지 않았다"고 했다.

R은 멍해지는 경험을 했다. 고 박사가 자기 의견을 받아들이지 않은 이유가 아이디어를 좋아하지 않아서라고 생각했는데 냉소적인 태도 때문이었다는 얘기를 듣자 아무런 말도 할 수 없었다. R은 냉소적인 태도를 바꿈으로써 자신의 아이디어도 받아들여지는 놀라운 경험을 할 수 있었다.

나는 이런 R을 보면서 자신의 한계를 인정하는 대화가 생명의 대화임을 알게 됐다. R은 자신의 한계를 인정하면서 권위자들의 인간적인 면들을 보게 됐고, 이런 면을 이해하면서 고 박사와의 관계가 급속도로 좋아졌다.

부족한 나를 포용하는 새로운 가치관을 세우자

감정 조절로 변화가 오면 이전에는 결코 알 수 없었던 새로운 기쁨을 맛보게 된다. 이 점이 바로 감정 조절의 묘미다. 이런 기쁨을 오래 누리려면 변화된 자신에게 알맞은 새로운 가치관이 필요하다.

P는 부당한 일을 못 참는 사람이었다. 힘 있는 사람들이 약한 사람들을 해하거나 못살게 굴면 불같이 화를 냈다. 이 때문에 주변 사람들과 많은 갈등을 경험하다가 나에게 상담을 요청했다.

P는 젊은 시절 데모를 하다가 국가 기관에 잡혀가 고문당한 경험이 있었다. 그때의 경험을 얘기하면서 마치 지금도 고문받고

있는 것처럼 고통스러워했다. 나는 P가 고문을 받으면서 너무도 큰 상처를 입었음을 알게 됐다.

P에게는 국가 기관이 거대한 괴물이었다. P씨는 아직도 이 괴물과 싸우는 중이었다. 주변의 강자라고 생각되는 사람들은 P에게 국가 기관의 연장과 같은 존재였다. 그래서 괴물을 무너뜨리기 위해 그렇게 화를 냈던 것이다.

이 점을 알게 된 P는 깜짝 놀랐다. 자신이 경험한 사건이 이렇게까지 영향을 미치고 있는 줄 몰랐기 때문이다.

P는 괴물과 싸우다 자신도 어느새 괴물이 돼 있음을 인식했다. 그러자 너무나도 부끄러워했다. 자신은 피해자고 선한 사람 편에 서 있다고 생각했는데, 다른 쪽 사람들에게는 정의의 이름으로 가해자, 즉 악한 사람이 돼 있었던 것이다.

P는 인간 모두에게 괴물 같은 속성이 있음을 알게 됐다. 그러면서 자신의 오래된 가치관을 수정했다. 힘들게 하는 사람이나 힘들어하는 사람이나 모두 불쌍한 사람이라는 점을 받아들였다.

P는 너무나도 힘들게 자신을 고쳐 나갔다. 나는 이런 P가 위대해 보였다. 자신을 바꾸기가 성을 빼앗기보다 어려운데 P는 이런 일을 하는 사람이었다. P에게 숙연한 마음이 들었다. P는 사람들이 사랑의 대상임을 알게 됐다. 그러면서 마음의 평화를 찾

았다. 주변 사람들과의 갈등이 현저히 줄어들었다.

새로운 가치관으로 변화된 사람들은 생각하는 범주가 넓어진다. 이전에는 불의한 사람과 선한 사람이라는 이분법적 구도를 갖고 있었다. 그러나 분노 조절을 하게 되면 자신도 불의한 사람과 다르지 않음을 알게 된다. 모든 인간에게는 공격적이고 거친 괴물적 요소가 있음을 알게 된다. 단지 괴물이 나오는 환경에 있는가 그렇지 않은가의 문제임을 알게 된다.

인간은 환경에 따라 달라진다. 어떤 환경이 주어지는가에 따라서 달라지는 존재다. 그래서 우리는 그런 환경 속에서라도 괴물이 나오지 않게 하는 훈련이 필요한 사람들이다. 변화된 가치관이 그것을 가능하게 해 준다.

불완전해도, 부족해도, 외로워도, 그래도 괜찮다

감정은 참으로 신기하고 오묘하다. 알아주고 보살펴 주면 긍정적 에너지가 되지만, 모른 체하고 억누르면 알아줄 때까지 떼를 쓰고 시한폭탄처럼 부글부글 끓다 언젠가는 폭발하고 만다.

감정을 표현하면 마음이 편안해진다. 마음이 편안해지면 일단 삶이 쉬워지고 가벼워진다. 또한 삶의 에너지를 선택적으로 집중해서 사용할 수 있기 때문에 무슨 일을 하든 생산성이 커진다.

현재의 어색하고 거북한 느낌을 방치하지 말고 그 속에서 자신을 지배했던 역사적 사실을 찾아내자. 그리고 눌린 감정을 표현해 주자. 그러면 현재 삶의 문제를 더 잘 해결해 나갈 수 있는 에너지와 여유가 생긴다.

많은 사람들이 어른이 돼서도 어린아이와 같은 마음으로 사는 이유는 불편한 감정이 생겨도 자기 인생의 주제가 드러날까

와 회피했기 때문이다. 회피는 사람들이 그 주제에 직면해서 성장할 수 있는 기회를 빼앗는다. 자신의 주제를 직면한 사람들은 자신의 문제를 알게 되고 이를 해결해 간다. 이런 사람들의 인격은 꾸준히 성장하지만 그러지 않은 사람들은 제자리에 머무르게 된다.

회피하고 싶은 감정의 심층을 따라가다 보면 결국 수치심으로 연결된다. 감정이 사람을 힘들게 하는 이유는 이 수치심 때문이다. 작고 못난 존재라는 수치심이 모든 인간 안에 있는데, 이것이 건드려질 때 괴로운 것이다. 작은 존재라는 인정은 뼈아픈 고백이라 모두가 피하고 싶기 때문이다.

그런데 아이러니하게도 수치심은 인간이 한계가 있는 존재임을 받아들일 때 극복된다. 천 길 낭떠러지에 몰려 죽을 각오로 뛰어내리자 미처 있는지도 몰랐던 날개가 펴진다고 할까?

인간은 모순적이고 작은 존재다. 인간 존재의 불완전함, 내 개인의 부족함을 받아들이는 것이 자신의 한계를 '초월'하는 방법이다. 더 큰 존재가 되려고 애쓰지 않을 때 비로소 자유로워진다.

'나는 불완전하고 작은 존재이기 때문에 실수할 수 있고 잘못할 수 있다. 그래도 괜찮다. 외로울 때도 있고 두려울 때도 있다. 그게 정상이다. 잘난 때도 있고 못난 때도 있다. 옳을 때도 있

고 틀릴 때도 있다. 그게 나다. 그래도 괜찮다.'

　이렇게 자신을 수용할 수 있는 사람은 다른 사람도 수용할 수 있다. 다른 사람들의 불완전함, 한계를 용납할 수 있게 된다. 이런 사람은 주변 사람들에게 다정하면서도 당당하고 자유로울 수 있다. 이 책이 당신이 그 길을 가는 데 도움이 되기를 간절히 기도한다.

가짜감정

초판 1쇄 발행 2023년 3월 25일
초판 2쇄 발행 2023년 10월 5일

지은이 김용태

발행인 양진오
편집인 미미 & 류
기 획 고준영
발행처 교학사

등록번호 제25100-2011-256호
주소 서울 마포구 마포대로 14길 4 5층
전화 02-707-5239
팩스 02-707-5359
이메일 miryubook@naver.com
인스타그램 @miryubook

ISBN 979-11-88632-07-7 (03180)